AF320923

UNIVERSITÉ DE NANCY — FACULTÉ DE DROIT

LES POUVOIRS

DE

CONTROLE DU FISC

EN MATIÈRE

D'IMPOTS SUR LE REVENU

PAR

ANDRÉ BERTIN

THÈSE

POUR LE

DOCTORAT EN DROIT

soutenue le 27 juin 1928.

Président : M. LALOUEL, Professeur.
Assesseurs : M. RENARD, Professeur.
— M. TROTABAS, Agrégé.

IMPRIMERIE BERGER-LEVRAULT

NANCY-PARIS-STRASBOURG

1928

LES POUVOIRS

DE

CONTROLE DU FISC

EN MATIÈRE

D'IMPOTS SUR LE REVENU

PAR

ANDRÉ BERTIN

—

THÈSE

POUR LE

DOCTORAT EN DROIT

soutenue le 27 juin 1928.

Président : M. LALOUEL, Professeur
Assesseurs : M. RENARD, Professeur.
— M. TROTABAS, Agrégé.

IMPRIMERIE BERGER-LEVRAULT

NANCY-PARIS-STRASBOURG

1928

FACULTÉ DE DROIT DE NANCY

Doyen : M. MICHON (✸ I).

Doyen honoraire : M. GÉNY (✳, ✸ I).

Professeurs honoraires : MM. MAY (✳, ✸ I).

    BOURCART (O ✳, ✸ I).

    CARRÉ DE MALBERG (✳, ✸ I).

    ROLLAND (✸ I).

    MOREL (✸ I).

MM. GÉNY (✳, ✸ I), professeur de Droit civil.

    MICHON (✸ I), professeur de Droit romain.

    BROCARD (✸ I), professeur d'économie politique.

    SENN (✠, ✸ I), professeur de Droit romain.

    RENARD (✸ I), professeur de Droit public.

    HENRY (✸ A), professeur de Droit criminel.

    LAVERGNE (✸ A), professeur d'Économie politique et d'Histoire des Doctrines économiques, chargé de cours à la Faculté de Droit de Lille.

    KRŒLL (✸ I), professeur d'Histoire du Droit.

    LALOUEL (✸ A), professeur de Droit international public et privé.

    LESCOT (✠, ✸ A), professeur de Droit commercial.

    SIMONNET (✸ I), professeur de Droit civil.

    VOIRIN (✠), professeur de Droit civil.

    TROTABAS (✠), agrégé, chargé des cours de Droit administratif (2e année) et de législation financière.

    R. P. DUVAL, docteur en Droit, chargé des cours d'Économie politique (1re année) et doctorat.

    MÉLIN (✸ I), docteur en Droit, chargé du cours de Science sociale.

    BERTRAND (✸ I), secrétaire.

ABRÉVIATIONS

Bull. Dup.   : Bulletin des Contributions directes, Dupont.
Cass. crim.   : Arrêt de la Cour de Cassation, Chambre criminelle.
Cass. req.   : Arrêt de la Cour de Cassation, Chambre des Requêtes.
C. E.   : Arrêt du Conseil d'État.
C. P.   : Arrêt du Conseil de Préfecture.
C. A.   : Arrêt de Cour d'Appel.
Circ.   : Circulaire.
D. H.   : Dalloz Hebdomadaire.
D. P.   : Dalloz Périodique.
Déb. parl.   : Débats parlementaires.
D. C.   : Décret de Codification du 15 octobre 1926.
Déc.   : Décret.
Gaz. Pal.   : Gazette du Palais.
Inst.   : Instruction.
I. 1918   : Instruction générale du 30 mars 1918.
Journ. de l'Enreg.   : Journal de l'Enregistrement.
J. O.   : Journal officiel.
Jug.   : Jugement.
L.   : Loi.
Leb.   : Recueil des arrêts du Conseil d'État. Lebon.
Rapp.   : Rapport.
Rec. gén. L.   : Recueil général des Lois.
Rec. quest. fisc.   : Recueil des Questions fiscales.
Rev. de l'Enreg.   : Revue de l'Enregistrement.
Rev. Sc. et Lég. Fin. : Revue de Science et Législation Financières.
Sem. Jur.   : Semaine Juridique.
S.   : Sirey.

INTRODUCTION

« Le paiement de l'impôt est un devoir, l'individu qui fait partie d'une communauté politique et sociale quelconque a l'obligation de subvenir aux dépenses de cette communauté et la justice exige que sa contribution soit fixée en proportion de ses facultés, c'est-à-dire de sa capacité de payer (1). »

Certes, le principe de l'impôt a toujours été admis à titre de nécessité inéluctable, mais il est curieux de constater que si chacun reconnaît cette nécessité, en tant que citoyen soucieux des intérêts de son pays, au contraire, en tant que particulier redevable de l'impôt, il cherche à s'y soustraire pour en rejeter le fardeau sur ses concitoyens.

Ces deux tendances opposées doivent être conciliées et c'est à l'État qu'il incombe de le faire. Pour y parvenir, deux choses sont nécessaires : d'une part, l'adoption d'une politique fiscale juste; d'autre part, la création de moyens de contrôle susceptibles de renforcer la conscience fiscale des contribuables, conscience trop souvent défaillante !

Il importe en effet que l'idée de justice soit respectée, car, lorsque le principe de l'égalité dans l'impôt est violé, le contribuable se dérobe devant un devoir qu'il considère, avec juste raison, comme une spoliation.

Mais si la justice de la loi fiscale est la condition première de son bon rendement, encore faut-il que l'application de cette loi se fasse avec impartialité. Le contrôle est donc nécessaire, car il faut qu'en payant l'impôt, chaque contribuable ait la certitude que tous ses concitoyens contribuent comme lui aux dépenses publiques.

Toutefois, si le contrôle est nécessaire, il faut remarquer qu'il ne s'impose pas au même degré suivant que l'État adopte un procédé d'assiette basé soit sur une évaluation administrative,

---

(1) LESCŒUR, *Pourquoi et comment on fraude le fisc.*

soit sur une déclaration du contribuable; l'on conçoit facilement que lorsque l'Administration évalue elle-même l'impôt, le contrôle administratif n'ait pas de raison d'être, mais, par contre, lorsque le contribuable a la liberté de fixer lui-même son impôt, le contrôle devient indispensable. Il ne serait pas possible, en effet, d'admettre une déclaration sur la seule bonne foi du déclarant; il y aurait là une prime à la dissimulation, seuls les honnêtes gens paieraient, et quand on parle *impôts*, la classe des honnêtes gens devient très restreinte : nombreux sont ceux qui, scrupuleux dans leurs rapports d'affaires, sont au contraire dénués de tout scrupule vis-à-vis de l'État (1).

Cependant, en remontant dans l'histoire, nous trouvons en 1789 un essai d'impôt basé sur une déclaration non contrôlée (2). Les caisses de l'État étaient vides, et Necker, ministre de Louis XVI, avait proposé à l'Assemblée Constituante d'établir une contribution extraordinaire égale au quart du revenu net de chaque citoyen. Chacun devait déclarer librement son revenu. « Aucune rigueur, disait-il, ne devra être employée envers personne, le patriotisme de chacun doit être l'aiguillon et le surveillant de sa propre honnêteté.... Je suis persuadé que beaucoup de citoyens donneront plus que la proportion indiquée. »

Les faits ne furent pas longs à démontrer qu'avec la seule garantie de la conscience des contribuables les résultats sont pitoyables. La plupart des citoyens ne firent même pas de déclaration. Quant aux autres, ils déclarèrent des sommes dérisoires. L'Assemblée prorogea le délai de deux mois, puis, par décret du 27 septembre 1790, elle rendit obligatoire la déclaration sous peine de taxation d'office. Mais, par suite d'un contrôle insuffisant, les résultats ne furent pas meilleurs. L'Assemblée comprit que le rendement d'un impôt basé sur une déclaration dépendait de l'organisation d'un contrôle minutieux. Reculant devant les mesures inquisitoriales qu'il aurait fallu prendre, elle supprima purement et simplement cet impôt.

---

(1) Dans cette étude, il ne nous appartient pas d'approfondir cette question très délicate de la valeur de la loi : voir, en ce qui concerne les lois simplement pénales, l'ouvrage de M. G. RENARD, *La Valeur de la loi* (p. 183 et suivantes), et en sens contraire, voir : JANSSEN, *De Mere pœnali.*

(2) G. HUGO, *Le rôle de la déclaration en matière d'impôts directs.*

Tour à tour, différents procédés d'assiette furent adoptés : sous l'ancien régime, la taille personnelle, la capitation et les vingtièmes étaient assis sur la déclaration des assujettis, mais l'arbitraire des agents apparaissait lors de la vérification et de l'évaluation d'office, car aucune règle précise ne limitait les pouvoirs des commissaires (1); l'Assemblée Constituante supprima ces impôts et, pour asseoir son nouveau système, choisit le procédé forfaitaire d'imposition sur les signes extérieurs.

Mais au début du xxe siècle les besoins grandissants de l'État nécessitaient des ressources de plus en plus considérables et, dans l'obligation de recourir à un procédé d'assiette plus juste et plus productif, l'on revint au système de la déclaration, qui nous régit encore actuellement.

L'impôt général sur le revenu, institué par la loi du 15 juillet 1914, repose sur une déclaration du contribuable qui doit faire connaître le total de ses revenus; avec ce système, le fisc peut saisir le revenu réel et tenir compte de certaines qualités juridiques du déclarant (célibataire, marié, père de famille), pour augmenter ou diminuer son imposition; cette réforme fut achevée par la création de nouveaux impôts, dits « cédulaires », qui frappent séparément chaque catégorie de revenus, d'après une déclaration des assujettis (2).

Cette fois, des moyens de contrôle furent prévus, mais d'une manière encore trop craintive puisque, depuis cette date, le législateur a dû les augmenter sans cesse.

Toutefois, d'autres procédés d'assiette sont encore en vigueur, car si la déclaration est le procédé normal, l'imposition sur une base forfaitaire subsiste encore, soit par suite des difficultés que présente l'évaluation de certains revenus, soit par crainte d'une inquisition fiscale nécessaire; de plus, l'évaluation directe par l'Administration peut être le mode d'imposition adopté vis-à-vis des non-déclarants.

L'ambition du législateur serait de généraliser l'emploi de la déclaration, car le principe générateur de la fiscalité nouvelle est d'atteindre toutes les facultés du contribuable telles qu'elles

---

(1) Stourm, *Systèmes généraux d'impôts.* p. 205.
(2) L. 31 juillet 1917.

existent réellement, et non pas seulement d'après des présomptions souvent fausses (1).

Seulement, ainsi que nous l'avons vu, le système d'imposition basé sur une déclaration du contribuable a pour corollaire évident et nécessaire l'établissement de moyens de contrôle, qui, d'un maniement parfois très délicat, nécessitent de fréquents rapports entre l'Administration et les déclarants.

Or, ainsi que le déclarait le ministre des Finances en 1908 « les Français paient tous les impôts que l'on veut, pourvu qu'ils soient le moins possible en contact avec l'Administration, pourvu qu'on les laisse tranquilles... » (2).

Cependant les difficultés que présentent ces investigations du fisc peuvent être atténuées par le tact des agents appelés à les exercer et par la manière dont elles ont été prévues. En effet, la loi fiscale doit tenir compte, indépendamment de l'idée de justice, de certains principes dont l'application contribuera à en accroître l'efficacité.

Tout d'abord la clarté est indispensable dans une loi fiscale; c'est une qualité nécessaire autant pour les contrôleurs que pour les contrôlés; or, elle est souvent absente de notre législation et c'est aux agents mêmes de l'Administration que nous empruntons ces termes : « A l'heure actuelle, c'est par centaines qu'on peut compter les dispositions de toutes sortes qui régissent les contributions directes. Malheureusement, les lois fiscales votées ces dernières années se contredisent plus ou moins. Les contrôleurs s'y reconnaissent difficilement, et les contribuables encore moins, aussi le Conseil d'État a dû créer de nouvelles sections pour liquider son contentieux arriéré » (3).

D'autre part, si la justice et l'égalité doivent être respectées, le contrôle doit cependant comporter une certaine rigueur.

Or, il est très difficile de trouver un juste milieu entre l'inquisition et la fraude, car tout contrôle nécessite une certaine inquisition qui répugne aux contribuables, et tout contrôle sans une certaine inquisition est illusoire.

---

(1) G. JÈZE, *Cours élémentaire de science des finances et de législation financière française*, p. 792.
(2) *J. O.*, 30 juin 1908, p. 1455.
(3) *Bulletin mensuel du Syndicat national des membres de l'Administration des Contributions directes*, oct. 1927, p. 25.

Enfin, ce problème est influencé par deux facteurs, l'un politique, l'autre économique : d'une part, notre politique démocratique tend à rejeter le poids de l'impôt sur un petit nombre de privilégiés de la fortune, et pour éviter les ennuis d'un contrôle rigoureux aux petits contribuables, elle maintient à leur profit le système du forfait; d'autre part, certaines mesures de contrôle ne peuvent être mises en vigueur, sous peine de compromettre l'économie générale du pays (carnet et bordereaux de coupons), aussi l'État est-il obligé de tolérer, malgré lui, certaines fraudes.

En un mot, un contrôle efficace ne doit pas entraver la marche générale des affaires, être exempt de favoritisme et surtout il doit assurer le rendement des impôts, équilibre combien difficile à réaliser !

Cette importance du contrôle, dans notre législation fiscale actuelle, justifie suffisamment l'étude spéciale que nous consacrons à cet aspect, très important, du droit fiscal. Il nous faut maintenant préciser la méthode adoptée au cours de cette étude.

En vue d'étudier les différents pouvoirs d'investigation du fisc dans nos impôts sur le revenu, nous aurions pu envisager chaque impôt et préciser les procédés de contrôle employés à son égard. Nous avons cru préférable d'étudier ces pouvoirs dans leur ensemble et d'indiquer, à propos de chacun, son emploi dans nos différents impôts.

Mais avant d'aborder ces problèmes concrets, il nous faut, dans cette introduction, présenter les deux parties entre qui va se dérouler la procédure du contrôle.

D'une part, le contribuable, sur qui pèse désormais l'obligation de fournir la déclaration.

D'autre part, le contrôleur, dont nous préciserons le rôle et la compétence.

Nous aborderons ensuite dans notre première partie l'étude de ces pouvoirs de contrôle, soit que le contrôleur les exerce d'une façon unilatérale, soit qu'il ait recours à la collaboration de l'assujetti.

Notre seconde partie sera consacrée à l'examen des conséquences du contrôle. Nous entendons par là les différents pouvoirs qui permettent au contrôleur de matérialiser le résultat de ses investigations, soit en rectifiant la déclaration, soit en taxant d'office, soit même en majorant l'imposition.

Bien que ce travail se limite à l'étude du contrôle administratif proprement dit, il ne faut pas oublier qu'il appartient
au contribuable de recourir au juge qui statuera en dernier
ressort (1). Ces deux aspects du contrôle sont intimement liés
et, à propos de la phase administrative, nous aurons l'occasion
d'envisager la phase contentieuse, car certains actes administratifs ont leur répercussion dans cette dernière.

Iʳᵉ Section. — LA DÉCLARATION DANS NOS IMPOTS SUR LE REVENU

Pour être à même d'apprécier la portée des pouvoirs du fisc,
il faut connaître, au préalable, le procédé d'assiette de nos impôts sur le revenu, puisque les déclarations des contribuables
forment la matière du contrôle.

Après avoir classé les déclarations sous deux rubriques, suivant qu'elles émanent du contribuable ou de tiers, il nous faudra
retracer brièvement leur évolution en signalant leurs diverses
modalités, selon qu'elles sont spontanées ou provoquées par le
fisc, facultatives ou obligatoires, simples ou effectuées sous la
foi du serment, positives ou négatives. Nous aurons ensuite à
en apprécier la valeur juridique.

I. — L'ÉVOLUTION DU SYSTÈME DE LA DÉCLARATION DEPUIS 1914 ET LE RÉGIME ACTUEL

A) Les Déclarations des contribuables.

Examinons tour à tour nos différents impôts sur le revenu,
car la déclaration du contribuable trouve place dans chacun
d'eux, à des titres différents il est vrai : tantôt elle est le seul
mode d'imposition, tantôt le contribuable peut choisir entre le
forfait et la déclaration.

---

(1) *Infra*, pp. 26 et 29.

1. L'impôt général sur le revenu. — Depuis 1914, l'obligation de déclarer a augmenté en rigueur et en étendue, aussi, pour plus de clarté, il faut distinguer trois phases :

Première phase : Loi du 15 juillet 1914. — D'après l'article 16 de cette loi, les contribuables dont le revenu était supérieur à 7.000 francs étaient simplement invités à souscrire une déclaration *globale* de leur revenu de l'année précédente, dans un délai de deux mois à partir du 1er janvier. Passé ce délai, le contrôleur les invitait à souscrire une déclaration dans un nouveau délai d'un mois, mais à titre de sanction elle devait être alors *détaillée*. Faute d'avoir obtempéré à cette invitation, le contribuable était taxé d'office (1).

Deuxième phase : Loi du 30 décembre 1916. (art. 16). — Dès 1916, le législateur change de ton, le contribuable doit maintenant déclarer son revenu spontanément dans les deux premiers mois de l'année et la déclaration doit être précisée. Elle doit comprendre l'indication détaillée des revenus par catégorie; et si l'on veut obtenir des déductions, il faut mentionner séparément : les dettes et arrérages de rentes payés à titre obligatoire, les contributions directes et taxes assimilées et les pertes résultant d'un déficit d'exploitation. Enfin, lorsque le contribuable veut obtenir des dégrèvements pour charges de famille, il doit faire connaître sa situation de famille, sur une feuille spéciale.

En l'absence de déclaration, l'imposition est établie d'office, et l'impôt majoré de 10 % ; mais lorsque le revenu n'a pas varié d'une année à l'autre, il n'est pas nécessaire de renouveler la déclaration.

Enfin, depuis la loi du 13 juillet 1925, il faut déclarer obligatoirement et sous la foi du serment ses avoirs à l'étranger.

Troisième phase : Loi du 4 avril 1926 (D. C., art. 86 à 91). — Cette loi du 4 avril 1926, qui nous régit actuellement, apporte de nouvelles aggravations à ce régime : désormais la déclaration est non seulement obligatoire, mais elle doit être faite *sous la foi du serment*.

---

(1) A remarquer que cette taxation d'office n'avait pas le caractère de sanction qu'elle a de nos jours : c'était simplement l'adoption d'un autre mode d'évaluation qui pouvait être parfois plus favorable au contribuable.

En fait, le serment n'ajoute rien à la valeur juridique de la déclaration, car l'article 366 du Code pénal sur le faux serment n'est pas applicable en l'espèce, puisque la loi ne l'a pas prescrit (1).

D'autre part, si jusqu'alors les contribuables dont le revenu dépassait 7.000 francs, compte tenu des déductions pour charges de famille, étaient seuls astreints à déclarer leur revenu, dorénavant tous les contribuables inscrits aux rôles des impôts cédulaires pour un total de revenu de 1.500 francs au minimum ou qui ont encaissé au moins 1.500 francs de revenus de valeurs mobilières, devront également fournir une déclaration négative.

L'Administration espère ainsi que les contribuables dont le revenu dépasse de peu 7.000 francs, hésiteront à faire une fausse déclaration alors qu'ils n'auraient eu aucun scrupule à ne rien déclarer (2).

Enfin, les déclarations devront être renouvelées annuellement (3) même si la matière imposable n'a pas varié, sans distinguer s'il s'agit de déclarations de contribuables imposables ou non imposables.

2. L'impôt sur les bénéfices industriels et commerciaux. — Ici, le système du forfait a voisiné pendant quelque temps avec celui de la déclaration, par suite de la difficulté d'évaluer directement le revenu réel et par suite de la crainte du reproche classique d'inquisition fiscale. Mais le législateur a constamment tendu à restreindre le forfait au profit de la déclaration du revenu réel.

Il est toutefois remarquable que, dans la cédule des bénéfices industriels et commerciaux le législateur avait fait du forfait la règle, et de la déclaration l'exception (4).

Nous en trouvons la raison dans les travaux parlementaires (5). Le Sénat, par crainte de l'inquisition qui serait fatalement né-

---

(1) Circ. du 25 sept. 1926, n° 1472.

Notons que les peines du faux serment sont applicables à propos de la déclaration des avoirs à l'étranger, car la loi l'a prescrit.

(2) Rapp. Chéron, *D. P.*, 26-IV-145.

(3) Sous peine de taxation d'office et d'une majoration de 25 % s'il s'agit d'un contribuable imposable ; sous peine d'une amende de 30 francs, s'il s'agit d'un contribuable non imposable. *J. O.*, 5 févr. 1925, Déb. parl. Ch., p. 468.

(4) L. 31 juill. 1917, art. 4 et 9.

(5) Rapp. Perchot, 27 juill. 1917, *J. O.*, Doc. parl., juill. 1917.

cessaire, avait rejeté le projet de la Chambre des Députés qui imposait la déclaration obligatoire. Il fallait trouver un terrain d'entente; M. Perchot, rapporteur, proposa de laisser aux contribuables le choix entre les deux procédés : forfait ou déclaration.

Mais une simple phrase du rapport de M. Dumesnil (1) sur cette disposition laisse voir les véritables intentions du législateur :

« Il ne s'agit, en effet, dit-il, que d'une transaction qui ne sera qu'une transition. »

En fait, cette transaction a duré quelque temps, car c'est seulement la loi du 4 avril 1926 qui a fait disparaître le forfait comme procédé général de taxation.

Examinons tour à tour l'ancien et le nouveau système :

I. *Ancien procédé d'assiette.*

Les articles 4 et 9 de la loi du 31 juillet 1917 répartissaient les assujettis en deux classes, les uns étaient taxés d'après leur bénéfice réel, les autres d'après leur chiffre d'affaires.

Étaient taxés d'après leur bénéfice réel :

1º Les sociétés dont les bilans étaient obligatoirement communiqués à l'Administration de l'Enregistrement, c'est-à-dire les sociétés anonymes et en commandite par actions; le contrôleur recherchait les renseignements à l'Enregistrement;

2º Les contribuables qui avaient déjà déclaré le chiffre de leurs bénéfices réels en vue de l'assiette de la contribution extraordinaire sur les bénéfices de guerre (2), car le contrôleur profitait de ces renseignements;

3º Enfin toutes les sociétés ou personnes qui le désiraient avaient la faculté d'opter pour ce procédé; il suffisait de faire parvenir au contrôleur un résumé du compte de profits et pertes.

Tous les autres contribuables étaient taxés d'après l'application d'un coefficient à leur chiffre d'affaires de l'année précédente. Ce système, très approximatif, laissait une grande place à l'arbitraire du contrôleur, mais il avait l'avantage de supprimer toutes investigations de la part du fisc.

---

(1) Rapp. Dumesnil, 22 févr. 1917. *J. O.*, Doc. parl., mai 1917.
(2) Seulement jusqu'en 1920.

Mais comment était déterminé le chiffre d'affaires? Depuis 1924, le législateur avait établi une certaine connexité entre la taxe sur le chiffre d'affaires établie par la loi du 25 juin 1920 et cet impôt cédulaire. D'après la loi du 16 avril 1924, le contribuable était dans une situation différente pour la détermination de son chiffre d'affaires suivant qu'il était admis ou non au régime du forfait introduit, à propos de la taxe sur le chiffre d'affaires (1), par l'article 28 de la loi du 31 décembre 1921 (2).

Nous avions les catégories suivantes :

1. Lorsque le contribuable n'était pas admis au régime du forfait :

a) Si le chiffre d'affaires dépassait 50.000 francs, il devait en fournir la déclaration, toutefois celle qu'il avait faite pour l'établissement de la taxe sur le chiffre d'affaires (L. 1920) pouvait suffire (3).

b) Si le chiffre d'affaires était inférieur à 50.000 francs, le contrôleur pouvait l'inviter à souscrire une déclaration dans les vingt jours sous peine de taxation d'office.

2. Lorsque le contribuable était admis au forfait, il ne devait fournir aucune déclaration.

2. *Nouveau système de la loi du 4 avril 1926.*

La distinction précédente entre assujettis d'après le bénéfice réel et d'après le chiffre d'affaires a disparu. Désormais, tout contribuable doit avoir remis une déclaration de son bénéfice net de l'année précédente. Mais il faut encore distinguer suivant que le bénéfice est supérieur ou inférieur à 50.000 francs.

a) Bénéfice supérieur à 50.000 francs :

Le contribuable dont le bénéfice est supérieur à 50.000 francs

---

(1) L. 25 juin 1920.

(2) En matière de taxe sur le chiffre d'affaires : les contribuables non soumis au forfait doivent fournir tous les mois un relevé de leur chiffre d'affaires.

Les contribuables admis au forfait en sont dispensés ; ce sont :

1° Les assujettis dont le commerce principal est de vendre des marchandises achetées ou fabriquées si leur chiffre d'affaires ne dépasse pas 200.000 francs.

2° Tous les autres assujettis dont le chiffre d'affaires ne dépasse pas 40.000 francs (L. 31 déc. 1921, art. 28).

(3) Circ. 27 févr. 1922, n° 1373.

doit joindre à sa déclaration un résumé de son compte de profits et pertes ou un état de ses bénéfices.

b) Bénéfice inférieur à 50.000 francs :

Le contribuable a la faculté d'indiquer simplement la catégorie de bénéfices où il doit être compris, les bénéfices étant divisés par la loi en plusieurs séries comprenant chacune un maximum et un minimum.

Avec ce procédé, tous les assujettis sont taxés d'après leur bénéfice réel; seule, la méthode employée pour connaître le bénéfice réel est différente suivant les catégories de contribuables. Les uns sont imposés d'après une méthode très précise, tandis que pour les autres l'Administration emploie une méthode indirecte et approximative, mais, par suite, moins gênante.

Notons que les déclarations doivent être produites pour le 1er mars; toutefois, ce délai est étendu jusqu'au 31 mars, mais pour les contribuables qui, au cours de l'année antérieure à celle de l'imposition, ont clos leur exercice comptable pendant le mois de décembre et qui sont tenus ou prennent l'engagement de communiquer leur comptabilité.

3. L'impôt sur les bénéfices des professions non commerciales. — Dans cette cédule, la déclaration a toujours été le seul mode d'imposition, mais ses modalités ont varié.

a) *Loi du 31 juillet 1917 (art. 33 à 36).* — La déclaration du bénéfice réel était obligatoire dans les deux premiers mois de l'année, de la part de tous les assujettis à cet impôt.

Passé ce délai, le contrôleur pouvait inviter le contribuable à fournir une déclaration dans les vingt jours, et faute de l'avoir produite dans ce délai, le contribuable était taxé d'office et son impôt majoré de moitié.

Cette déclaration trop succincte fut reconnue insuffisante pour permettre un contrôle efficace, et l'on dut songer à l'exiger plus détaillée.

b) *Loi du 13 juillet 1925 (art. 8).* — Depuis cette loi, la déclaration doit être détaillée (1) et mentionner :

1° Le montant du bénéfice brut;

---

(1) Il faut remarquer que la loi du 27 décembre 1927 (art. 6) a introduit le forfait comme procédé d'imposition. Désormais, en ce qui concerne la production littéraire, scientifique

2° Le montant des dépenses professionnelles;

3° Le montant du bénéfice net.

A l'aide de ces indications le contrôle est plus facile, car, vis-à-vis des assujettis à l'impôt sur les bénéfices des professions non commerciales, le fisc se trouvait dépourvu de moyens de contrôle, la plupart des assujettis n'étant pas astreints à tenir une comptabilité.

Nous verrons que la déclaration des tiers est également appelée à jouer un rôle subsidiaire.

4. L'impôt sur les bénéfices de l'exploitation agricole. — Chercher à connaître le revenu net était pratiquement impossible, car les cultivateurs ne tiennent pas de comptabilité et il eût été illusoire de les obliger à en tenir une.

D'autre part, le système de la taxation directe était également impossible; faute de base pour apprécier le bénéfice, le taxateur aurait été réduit à établir son imposition d'après le nombre de têtes de bétail ou des instruments agricoles (1).

On eut donc recours au forfait : le bénéfice de l'exploitation agricole est considéré comme égal à la valeur locative des terres exploitées telle qu'elle résulte de l'évaluation cadastrale multipliée par un coefficient variable suivant la nature de culture (2).

La déclaration des assujettis est facultative : lorsque leur bénéfice réel est inférieur au forfait, ils peuvent obtenir une réduction proportionnelle de l'impôt, à la condition d'en fournir une déclaration après la publication du rôle avec justifications à l'appui.

La loi du 13 juillet 1925 (art. 3) était venue introduire une déclaration obligatoire de l'exploitant : lorsque le revenu cadastral des terrains exploités excédait 2.500 francs, l'exploitant était tenu de remettre avant le 1er février à la mairie du siège de l'exploitation, pour être transmise au contrôleur, une déclaration

---

et artistique dont les revenus ne sont pas recueillis annuellement, le bénéfice imposable peut, à la demande des intéressés, être déterminé en retranchant de la moyenne des recettes des cinq années précédentes la moyenne des dépenses de ces mêmes années. Mais les contribuables qui adoptent ce mode d'évaluation pour une année quelconque ne peuvent revenir sur leur opinion pour les années suivantes.

(1) Rapp. Renoult. Ch. des Dép., 13 juin 1907.

(2) L. 31 juill. 1917, art. 17.

indiquant la contenance et le revenu des parcelles composant l'exploitation.

Le contrôleur pouvait inviter l'exploitant à la produire dans les vingt jours; faute de la fournir, le bénéfice imposable était déterminé par application à la valeur locative des terres du coefficient le plus élevé.

Cette disposition a été restreinte par l'article 23 de la loi du 3 août 1926 qui a supprimé cette déclaration obligatoire, et a prévu une déclaration facultative pour les exploitants qui désirent bénéficier du coefficient réduit appliqué aux terres cultivées en blé.

Mentionnons également la déclaration que doit faire le propriétaire; toutefois, nous l'étudierons avec les déclarations émanant de tiers.

5. L'impôt sur les traitements et salaires. — Le contribuable ne doit fournir aucune déclaration, car l'impôt est établi par le contrôleur d'après les renseignements fournis par les employeurs (1).

Seulement lorsqu'il veut obtenir déduction de certains frais professionnels, il doit les faire connaître à l'Administration. En fait, il lui suffit de les mentionner dans sa déclaration pour l'impôt général sur le revenu.

B) Les déclarations des tiers.

On est immédiatement tenté de considérer la déclaration des tiers comme un abus portant atteinte au secret de l'imposition, et susceptible d'introduire la délation à la base de nos impôts. Pratiquement, il n'en est rien, car l'Administration demande aux tiers ce qu'ils peuvent légitimement communiquer, et, en réalité, ce procédé de déclaration par des tiers est à la fois commode et précis.

D'une part, il est très commode pour le contribuable, qui, sans avoir à se préoccuper de sa déclaration, se trouve à l'abri de taxation d'office ou de pénalités pour retard, omission ou insuffisance.

____

(1) L. 31 juill. 1917, art. 23 à 29. D. C., art. 45 à 51.

Il est, d'autre part, d'un rendement plus certain pour le fisc, car si le contribuable est toujours tenté de diminuer son revenu, le tiers n'a aucun intérêt à diminuer les déclarations qu'il doit faire, car il ne supporte pas l'impôt et, de plus, il s'expose à une pénalité. Son intérêt lui commande même de déclarer exactement ce qu'il paie à d'autres, à titre de traitement ou de rente, car ces versements à des tiers diminuent d'autant le revenu ou le bénéfice qu'il doit déclarer pour son propre compte. En définitive, lorsqu'il est possible, ce système de la déclaration par les tiers est très efficace; mais, là aussi, le contrôle de l'Administration doit être sérieux, si l'on veut éviter le règne de la fraude.

Le législateur a prévu en fait la déclaration des tiers, tantôt comme procédé d'imposition, tantôt comme moyen de contrôle.

a) La déclaration des tiers : procédé d'imposition.

1. Cette déclaration a été prévue en vue de l'assiette de l'impôt sur les *traitements et salaires* (1) :

Ainsi que l'a déclaré M. Ribot (2), ministre des Finances, « l'Administration trouve plus simple de demander à l'employeur de fournir le nom de ses employés afin qu'on puisse établir les rôles sans ennuyer, permettez-moi de le dire, sans vexer l'employé et sans l'exposer à une amende ».

Tous les employeurs sont tenus de remettre au contrôleur, dans le courant du mois de janvier, un état indiquant :

1° Les noms et adresses des personnes qu'ils ont employées au cours de l'année;

2° Le montant des traitements ou salaires payés pendant ladite année;

3° La période à laquelle s'appliquent ces paiements lorsqu'elle est inférieure à une année mais supérieure à trente jours consécutifs (3). Cette disposition n'est applicable que si les versements

---

(1) L. 31 juill. 1917, art. 26.
(2) Séance du 23 nov. 1916. *J. O.*, Déb. parl., p. 974.
(3) Un arrêt du Conseil d'État du 9 novembre 1921, Leb., p. 917, a prescrit aux sociétés de déclarer les tantièmes versés aux administrateurs, car s'ils ne sont pas effectivement présents au Conseil d'administration pendant trente jours consécutifs, ils sont nommés pour plusieurs années.

ramenés à l'année dépassent le minimum assujetti à l'impôt, c'est-à-dire 7.000 francs.

Les avantages en nature doivent être également déclarés; cependant l'évaluation en appartient à l'Administration (1).

Sous le régime de la loi de 1917, les employeurs n'étaient tenus de déclarer que les seuls traitements ou salaires qui ramenés à l'année dépassaient 7.000 francs; depuis la loi du 13 juillet 1925 (art. 6), ils doivent déclarer toutes sommes payées à des personnes qui remplissent des fonctions susceptibles d'être exercées simultanément auprès de plusieurs entreprises (administrateurs, trésoriers, etc...), quel que soit le montant de leurs rémunérations ramenées à l'année.

2. La loi de 1917 (art. 25) a prévu, à la charge des débirentiers, la même obligation de déclarer les arrérages payés à titre de *pensions ou rentes viagères* lorsqu'ils dépassent 1.250 francs, ainsi que les noms et adresses des titulaires.

3. Un autre exemple de l'ingérence des tiers dans la détermination de l'impôt nous est fourni par l'impôt sur le *revenu des valeurs mobilières* créé par la loi du 29 juin 1872; car la loi du 31 juillet 1917 (art. 37), après l'avoir étendu aux intérêts des créances, dépôts et cautionnements, le range parmi nos impôts cédulaires.

Les sociétés ou collectivités qui ont émis des actions ou obligations, sont tenues de payer directement au Trésor l'impôt dont elles sont frappées. L'impôt est perçu par la méthode du « stoppage à la source » et d'une façon impersonnelle, car la déclaration ne mentionne pas si la société paie au nom de X..., Y... ou Z...; la déclaration est faite d'une façon globale pour tous les titres qu'elle a émis.

b) La déclaration des tiers . Procédé de contrôle.

Depuis la loi du 13 juillet 1925, les tiers sont tenus de fournir des déclarations non plus seulement pour permettre d'asseoir l'impôt, mais en vue de faciliter le contrôle de certaines déclarations. L'étude de ce contrôle particulier se trouverait normalement avec celle des procédés généraux de contrôle, nous le

---

(1) I. 1918, art. 109.

mentionnons toutefois ici en vue de compléter cet aperçu du système de la déclaration.

En matière de *bénéfices agricoles*, l'article 3 de la loi du 13 juillet 1925 prévoyait que l'exploitant devait déclarer la consistance cadastrale des terrains qu'il exploitait lorsque leur revenu cadastral excédait 2.500 francs. Or, cet article maintenait la déclaration du propriétaire prévue par l'article 5 de la loi du 22 mars 1924. La déclaration du propriétaire, contenant le nom de l'exploitant ainsi que la contenance et le revenu des parcelles cadastrales données à bail, devenait un moyen de contrôle vis-à-vis de l'exploitant (1).

De même, en ce qui concerne les cédules des *bénéfices industriels et commerciaux* et des *professions non commerciales*, l'article 6 de la loi du 13 juillet 1925 prévoit que « tous les chefs d'entreprise sont tenus de faire connaître au contrôleur des Contributions directes le montant des commissions, courtages ou autres rémunérations qu'ils versent à l'occasion de l'exercice de leur profession à des courtiers, commissionnaires ou autres intermédiaires de commerce n'ayant pas la qualité de salariés, ainsi que le montant des honoraires, vacations ou autres rémunérations susceptibles d'entrer en compte pour l'établissement de l'impôt sur les bénéfices des professions non commerciales et dont le montant total brut au cours de l'année aura atteint, pour une même personne, la somme de 1.000 francs, quelles que soient d'ailleurs les localités où sont domiciliées le déclarant et le contribuable ».

A l'aide de ces renseignements, le contrôleur peut apprécier l'exactitude des déclarations; ces éléments de contrôle lui sont très utiles notamment vis-à-vis des assujettis à la cédule des professions non commerciales dont le contrôle est très délicat.

II. — Valeur attachée a la déclaration.

Lorsque le contribuable a souscrit une déclaration, il se trouve en règle vis-à-vis de l'Administration, mais il importe de connaître la valeur attachée à cette déclaration, valeur qui diffère suivant qu'elle émane du contribuable ou de tiers.

---

(1) Depuis la loi du 3 août 1926 (art. 23), cette disposition a été supprimée, *supra*, p. 13.

A) Valeur de la déclaration des contribuables.

Il nous faut distinguer la valeur de la déclaration vis-à-vis du contribuable qui l'a souscrite et vis-à-vis de l'Administration.

a) VIS-A-VIS DU CONTRIBUALLE QUI L'A SOUSCRITE. — L'Administration des Finances estimait que le contribuable ne pouvait plus revenir sur sa déclaration, même s'il avait commis des erreurs (1).

Par contre, le Conseil d'État, dans plusieurs arrêts, avait décidé qu'un contribuable pouvait revenir sur les énonciations de la déclaration souscrite, s'il apportait toutes les justifications de nature à faire la preuve du chiffre exact de son revenu, car l'expiration des délais de déclaration ne saurait avoir pour effet de le priver de contester sa déclaration même après l'émission du rôle (2).

En effet, empêcher un contribuable de prouver les erreurs de sa déclaration aurait abouti à le placer dans une situation plus mauvaise que celle du contribuable taxé d'office qui, lui, conserve la faculté de contester cette taxation à charge de prouver son revenu réel.

Donc, le contribuable est fondé à invoquer des erreurs de sa déclaration pour obtenir décharge d'une partie de son imposition, mais il doit apporter des justifications relatives au total de son revenu réel.

b) VIS-A-VIS DE L'ADMINISTRATION. — Suivant que la déclaration est présumée exacte ou a la valeur d'un simple renseignement, la charge de la preuve, au cas de recours contentieux, incombe à l'Administration ou au contribuable.

Pour apprécier cette valeur, il faut distinguer l'impôt général sur le revenu des impôts cédulaires.

1. *En matière d'impôt général sur le revenu*, il résulte des textes (3) que la déclaration jouit d'une présomption d'exactitude vis-à-vis de l'Administration des Finances. Si le contri-

---

(1) *D. P.*, 1916, IV, 25 et 39; 1917, IV, 31.

(2) C. E., 16 févr. 1923, Leb. 1923, p. 152, 2ᵉ esp.; C. E., 27 mars 1925, *D. P.*, 1925, III, 48; C. E., 22 déc. 1922, *D. P.*, 1922, III; 15 et la note.

(3) L. 15 juill. 1914, art. 17; L. 30 déc. 1916, art. 5; I. 1918, art. 191 et 192.

buable a rempli ses obligations, le contrôleur peut rectifier la déclaration, mais il doit faire la preuve de son rehaussement devant le juge.

Si nous recherchons le fondement de cette présomption d'exactitude, il nous paraît résulter du bon vouloir du législateur, et nous ne voyons pas quel pourrait en être le fondement juridique, car d'ordinaire ce n'est pas le débiteur, en l'espèce le contribuable, qui fixe la quotité de son dû, le créancier est appelé à intervenir dans la discussion sur un pied d'égalité.

Cependant, depuis que la déclaration est faite sous la foi du serment, cette présomption de sincérité aurait pu se trouver justifiée, mais, ainsi que nous l'avons vu (1), ce serment, non sanctionné, n'ajoute rien à la valeur de la déclaration.

Il faut donc voir, dans cette présomption d'exactitude attachée à la déclaration, un avantage généreusement accordé par le législateur, et qui se justifie par le désir de favoriser le nouveau système d'impôts (2).

Depuis, en vue de faciliter le contrôle, le législateur a diminué la valeur qu'il avait attachée à la déclaration : ainsi, quand le contrôleur a réuni des éléments précis sur les dépenses du contribuable, il peut exiger des justifications sur l'origine des revenus qui permettent au contribuable de faire face à ses dépenses; dans ce cas, la présomption d'exactitude, attachée à la déclaration, est supprimée.

2. *Dans nos impôts cédulaires*, la valeur accordée à la déclaration a varié fréquemment.

En ce qui concerne l'impôt sur les *bénéfices industriels et commerciaux*, la loi de 1917 ne prévoyait pas expressément à qui incomberait la charge de la preuve. L'Administration admettant la règle édictée par la loi de 1914, reconnaissait à la déclaration une présomption de sincérité (3); mais lorsque les justifications, que le contrôleur pouvait exiger, étaient insuffisantes, la présomption était renversée.

Depuis, la loi du 4 avril 1926 a prévu l'intervention d'une *commission consultative* qui apprécie la sincérité des déclarations.

---

(1) *Supra*, p. 8.
(2) En ce sens, IMBERT, *Le contrôle de la déclaration relative à l'impôt général sur le revenu*, p. 27.
(3) I. 1918, art. 29.

Si la commission se trouve d'accord avec le contrôleur, la charge de la preuve incombe au contribuable; par contre, si le contrôleur n'admet pas l'avis de la commission, il doit justifier du bien-fondé de son rehaussement (1).

Quant à la déclaration des *bénéfices des professions non commerciales*, elle se trouvait placée dans une situation spéciale par la loi du 31 juillet 1917, car, faute d'éléments, le fisc ne pouvait en prouver l'inexactitude, et, d'autre part, on ne pouvait obliger le déclarant à fournir des justifications sans l'exposer à violer le secret professionnel; le législateur avait pris un moyen terme et laissait au juge l'entière appréciation du litige.

La loi du 13 juillet 1925 (art. 9) avait diminué la valeur de la déclaration vis-à-vis de l'Administration en permettant au contrôleur d'exiger des justifications sur les dépenses professionnelles, lorsqu'il aurait réuni des éléments précis lui laissant supposer qu'elles étaient exagérées.

Depuis, la loi du 4 avril 1926 a prévu l'intervention d'une commission consultative, qui apprécie la sincérité de la déclaration ainsi que nous l'avons exposé à propos des bénéfices industriels et commerciaux.

En fait, cette présomption d'exactitude, autrefois règle générale, est devenue une exception par suite de restrictions successives.

B) Valeur de la déclaration des tiers.

S'il suffit d'apprécier la valeur de la déclaration du contribuable vis-à-vis de lui-même et vis-à-vis de l'Administration, lorsqu'il s'agit d'une déclaration émanant d'un tiers, il faut apprécier sa valeur non seulement vis-à-vis du tiers déclarant et vis-à-vis de l'Administration, mais encore vis-à-vis du contribuable visé par cette déclaration.

I. VIS-A-VIS DU TIERS DÉCLARANT. — Aucun texte n'oblige le tiers déclarant à justifier sa déclaration; par suite, pour appliquer les sanctions prévues en cas de fausse déclaration (2), l'Administration doit en prouver la fausseté. Notons que le

---

(1) *Infra*, p. 120.
(2) L. 31 juill. 1917, art. 29.

tiers déclarant, qui a commis des erreurs dans sa déclaration, doit en justifier, s'il veut les rectifier.

2. Vis-a-vis du contribuable. — Il a été jugé à plusieurs reprises (1), à propos de l'impôt sur les traitements et salaires, que la déclaration du tiers employeur était présumée exacte et que, par suite, le redevable de l'impôt, s'il l'estimait fausse, devait en démontrer l'inexactitude.

3. Vis-a-vis de l'Administration. — La déclaration des employeurs a la valeur d'un simple renseignement, l'Administration établit l'imposition sur la base qu'elle croit juste, sans être obligée de s'en tenir à leurs déclarations.

Quant aux déclarations des tiers utilisées en tant que moyens de contrôle, elles ne portent pas atteintes à la valeur attachée à la déclaration du contribuable; le contrôleur use des renseignements ainsi fournis soit pour rectifier une déclaration, soit pour taxer d'office suivant qu'il a le droit de rectification ou de taxation d'office.

Appendice.

De la différence des revenus assujettis aux impôts cédulaires et à l'impôt général.

Nous avons vu que depuis 1916 la déclaration relative à l'impôt général sur le revenu devait être détaillée; les assujettis devant mentionner le revenu de chaque cédule avant d'indiquer le chiffre global de leur revenu.

On pourrait se demander, dès lors, pourquoi le législateur a imposé une déclaration spéciale relative à chaque impôt cédulaire, puisque la déclaration relative à l'impôt général les mentionne tous.

Il est facile de répondre à cette objection, car la déclaration relative à l'impôt général n'est pas une simple récapitulation des revenus cédulaires, elle en diffère quant aux procédés d'assiette et quant à la matière imposable.

1. *Quant aux procédés d'assiette.* — Le contribuable peut éva-

---

(1) C. E., 12 janv. 1923; *D. P.*, 25, III, 62; C. E., 28 nov. 1924, *D. P.*, 25, III, 62; C. E., 6 févr. 1925, *D. P.*, 25, III, 62; C. E., 15 déc. 1925, *D. P.*, 26, III, 32.

luer son revenu d'une façon différente suivant qu'il s'agit de l'impôt général ou des impôts cédulaires.

Ainsi, à la cédule des propriétés bâties et non bâties le contribuable a la faculté de déclarer son revenu réel qui peut être différent du forfait, base de la contribution foncière. Il en est de même à la cédule des bénéfices de l'exploitation agricole, ainsi qu'à la cédule des bénéfices industriels et commerciaux, car les assujettis dont le bénéfice ne dépasse pas 50.000 francs peuvent déclarer leur bénéfice réel à l'impôt général, même s'ils ont choisi le forfait pour l'impôt cédulaire (1).

2. *Quant aux revenus imposables.* — Certains revenus soumis à l'impôt général sont exonérés de l'impôt cédulaire.

Ainsi, les revenus des constructions nouvelles et des habitations à bon marché exemptes de l'impôt foncier sont taxés à l'impôt général.

De même certains revenus de valeurs mobilières qui échappent à l'impôt cédulaire, sont soumis à l'impôt général sur le revenu; c'est le cas des rentes émises par l'État français, à l'exception de la rente 3 1/2 % 1914 qui supporte l'impôt cédulaire et l'impôt général (2).

Signalons, à ce propos, que le revenu de certaines valeurs d'État a été exonéré non seulement de toutes taxes spéciales sur les valeurs mobilières, mais encore de l'impôt général sur le revenu : rentrent dans cette catégorie les intérêts des bons du Trésor et de la Défense nationale à échéance d'un an au plus (3) et la rente 4 % 1925, à garantie de change.

L'émission des bons de la Défense nationale, à échéance d'un an au plus a été suspendue depuis le 1er octobre 1926 (4), mais la Caisse autonome de gestion des bons de la Défense a décidé, à partir du 1er janvier 1927, la création de bons, à deux ans d'échéance, dotés des mêmes immunités fiscales que les anciens bons à un an (5).

---

(1) Circ. 25 sept. 1926, n° 1472.
(2) L. 20 juin 1914, art. 13.
(3) L. 13 mars 1924.
(4) Arrêté du ministre des Finances du 28 sept. 1926.
(5) *Bull. Dup.*, 1927, p. 259.
Cette disposition ne nous paraît pas fondée, car si la loi du 7 août 1926 prévoit que les titres émis par la Caisse d'amortissement pourront bénéficier des mêmes exonérations

IIe Section. — L'AGENT CHARGÉ DU CONTROLE

Après avoir envisagé les obligations des contribuables, il est normal de présenter l'agent chargé du travail de vérification.

L'assiette et le contrôle de nos impôts sur le revenu relèvent de l'Administration des Contributions directes qui comprend : une Administration centrale dirigée par un directeur général assisté de deux administrateurs, et une Administration départementale dirigée par un directeur départemental qui a sous ses ordres inspecteurs et contrôleurs. Les inspecteurs, chargés de vérifier le travail des contrôleurs, expriment leur avis sur la valeur de ces agents. Quant aux contrôleurs, ce sont les véritables agents du contrôle chargés des travaux d'assiette et de vérification de nos anciens et nouveaux impôts directs; ils sont répartis en deux grades : contrôleurs principaux et contrôleurs ordinaires. Chaque département est divisé en un certain nombre de divisions de contrôle à la tête desquelles est placé, suivant son importance, un contrôleur principal ou ordinaire.

Il nous faut d'abord préciser la nature juridique de leurs pouvoirs et leur rôle au cours de la procédure de contrôle de nos impôts sur le revenu, pour étudier ensuite leur compétence dans le temps et dans l'espace.

I. — LE RÔLE DU CONTRÔLEUR

A) Nature des pouvoirs du contrôleur.

Avant d'étudier le rôle et l'activité du contrôleur, il importe de rechercher la nature de ses pouvoirs, car leur étendue se trouve modifiée suivant la théorie adoptée.

Pour certains, le contrôleur tiendrait sa compétence directement de la loi (1); on entend par là qu'il échappe au pouvoir hiérarchique de ses supérieurs et qu'il est maître de sa décision; seul le juge peut la rectifier, ou même l'annuler.

---

fiscales que les bons de la Défense nationale, elle ne prévoit pas la possibilité d'étendre à des bons à échéance de deux ans des dispositions applicables seulement à des bons à *échéance d'un an au plus.*

(1) IMBERT, *op. cit.*, p. 55.

Mais, ainsi que tout fonctionnaire, il doit être soumis au pouvoir hiérarchique; comment concilier alors le « pouvoir propre » du contrôleur avec l'exercice du pouvoir hiérarchique, car, si ses supérieurs peuvent imposer leur manière de voir, il n'y a plus pouvoir propre?

Les partisans de cette opinion ont ainsi résolu la difficulté : d'une part, ils se basent sur l'article 17 de la loi du 15 juillet 1914 (1) qui mentionne uniquement le contrôleur pour affirmer qu'il est seul à jouir de ses pouvoirs; d'autre part, ils décomposent le pouvoir hiérarchique en trois pouvoirs distincts :

1º Un pouvoir sur la personne du fonctionnaire (droit de nomination, mutation, promotion, etc...);

2º Un pouvoir sur l'activité du fonctionnaire (réglementation matérielle du travail, directives générales);

3º Un pouvoir sur les appréciations du fonctionnaire qui permettrait de rectifier ses appréciations et de leur substituer celles du supérieur.

Certaines fonctions publiques très hiérarchisées (armée, marine) comporteraient ces trois éléments du pouvoir hiérarchique; la plupart des autres fonctions publiques, très hiérarchisées quant aux deux premiers éléments, laisseraient libre le jugement et le pouvoir d'appréciation du subordonné. Les pouvoirs du contrôleur rentreraient dans cette seconde catégorie, car l'ordre lie la volonté du subordonné en la remplaçant par celle du supérieur; or, la compétence, attribuée au contrôleur de par la loi, ne peut être déléguée ni absorbée : « C'est une prérogative personnelle confiée non à l'homme mais à la fonction. »

L'impartialité du contrôleur se trouve par là même assurée contre toute influence politique; si ses supérieurs peuvent lui donner des instructions et orienter ses investigations, ils ne peuvent absorber son pouvoir en se substituant à lui pour rectifier d'office le chiffre du revenu global arrêté conformément à la loi.

C'est ainsi que pour M. Bocquet, « le contrôleur d'un contribuable est seul maître de l'imposition de celui-ci; ses chefs hiérarchiques qui, théoriquement du moins, ne doivent pas la

---

(1) Modifié par L. 30 déc. 1916, art. 5. D. C., art. 91 : « Le contrôleur vérifie les déclarations. Il peut demander au contribuable des éclaircissements.... »

connaître du fait du secret, n'ont pas le droit de la rectifier, attendu qu'il a seul qualité pour l'établir » (1).

Cette opinion ne nous paraît pas exacte, car il est contraire aux principes du droit administratif de déclarer que les pouvoirs du contrôleur lui appartiennent en-propre. En réalité, comme tout agent public, il fait partie d'une administration hiérarchisée, et il faudrait un texte formel pour le soustraire au pouvoir hiérarchique (2).

Actuellement, seul peut-être parmi les fonctionnaires, le contrôleur des dépenses engagées échappe, au point de vue de sa compétence, au pouvoir hiérarchique, car un texte formel l'y a soustrait (3) : il jouit d'une indépendance complète, il n'y a, entre lui et les agents du ministère auprès duquel il est accrédité, aucune assimilation, aucune hiérarchie possible, il est en dehors d'eux. Or aucune disposition semblable ne peut s'appliquer au contrôleur des Contributions directes (4) : ce n'est pas le fait d'accorder une compétence propre au contrôleur qui supprime le pouvoir hiérarchique; si le contrôleur est seul désigné par les textes, cela ne signifie pas que lui seul dispose des pouvoirs de contrôle. Le législateur a simplement organisé sa compétence et ses prérogatives, puisque en fait c'est lui qui se trouve en rapport avec le contribuable, et, nous partageons l'avis de M. Imbrecq, lorsqu'il déclare que le contrôleur, nommé en tant que membre de l'Administration, doit être considéré comme une « entité ».

Ajoutons qu'en fait, il serait anormal de voir les contrôleurs, les plus jeunes parmi les agents des Contributions directes, disposer de pouvoirs absolus et échapper au regard de supérieurs plus expérimentés, pour ne relever que du juge. On ne peut dire d'autre part que, du fait de ce droit de regard, la justice des impositions soit mise en péril par l'ingérence de la politique,

---

(1) Bocquet, *L'impôt sur le revenu cédulaire et général*, p. 876.

(2) En ce sens : R. Alibert, *Le contrôle juridictionnel de l'Administration...*, p. 211. Imbrecq, *Traité de l'impôt général sur le revenu*, p. 124.

(3) L. 10 août 1922, art. 2, *D. P.*, 23, IV, 372.

(4) L'article 59 de l'Instruction sur les réclamations du 31 décembre 1926 prévoit que lorsque le directeur examine une réclamation, il ne peut obliger le contrôleur à modifier ses conclusions.
En faveur de notre thèse, on en peut déduire *a contrario* que le silence des textes sur l'exercice du pouvoir hiérarchique dans la procédure de contrôle doit être interprété dans le sens du maintien de ce pouvoir.

car la garantie du recours contentieux permet toujours au contribuable de recourir au juge et, pratiquement, il est de tradition de respecter l'indépendance des contrôleurs (1).

Enfin, l'exercice du pouvoir hiérarchique ne semble pas contraire au secret professionnel, car le secret n'a pas été établi entre supérieurs et inférieurs à l'intérieur d'une même administration (2).

Nous admettons donc l'exercice du pouvoir hiérarchique et puisque nous avons situé les pouvoirs du contrôleur dans le cadre administratif et hiérarchique, recherchons maintenant leur nature juridique.

Cette compétence du contrôleur nous apparaît avec tous les caractères du pouvoir discrétionnaire : en effet, en vertu de sa compétence, le contrôleur se prononce sur la sincérité de la déclaration et décide de la vérifier en demandant soit des éclaircissements, soit des justifications (3); il apprécie la valeur de ces éclaircissements ou justifications, se prononce ensuite sur l'opportunité d'une rectification ou d'une taxation d'office et, dans ce cas, fixe lui-même les bases de l'imposition. Quelquefois, il doit encore apprécier la bonne foi du contribuable avant d'appliquer les majorations prévues.

Si ces différentes manifestations du pouvoir du contrôleur nous apparaissent empreintes d'un caractère discrétionnaire, il nous faut toutefois préciser ce que nous entendons par « pouvoir discrétionnaire » :

D'après la théorie de M. Michoud (4), le pouvoir discrétionnaire serait exclusif de tout contrôle juridictionnel. Il y aurait pouvoir discrétionnaire lorsqu'une autorité agit librement sans que la conduite à tenir lui soit dictée à l'avance par une règle

---

(1) CHAMPION, *Le contrôle en matière de contributions directes en France*, p. 71.

(2) L. 15 juill. 1914, art. 23.

(3) Le législateur a précisé les cas où le contrôleur devrait demander soit des éclaircissements, soit des justifications, cependant d'après la loi du 13 juillet 1925, art. 16, le contrôleur, lorsqu'il apprécie les signes extérieurs, décide de lui-même s'il y a lieu de demander éclaircissements ou justifications, suivant qu'il a pu réunir des éléments précis. *Infra*, p. 48.

(4) L. MICHOUD, *Étude sur le pouvoir discrétionnaire de l'Administration*. Extr. *Annales Univ. de Grenoble*. Paris, 1913. Théorie reprise par R. BONNARD, *Le pouvoir discrétionnaire des autorités administratives. Rev. de Droit public*, 1923, p. 369, et par L. DUGUIT, *Traité de Droit constitutionnel*, 2ᵉ édit., t. II, p. 301-302.

de droit : soit que la loi ait donné des compétences sans en prévoir les conditions d'exercice, soit qu'elle ait simplement fixé quelques dispositions de forme. Si l'exercice de ce pouvoir échappe à tout recours juridictionnel, l'arbitraire en est toutefois exclu, car si le juge ne peut contrôler l'opportunité de l'acte et sa moralité administrative, il jouit cependant du droit d'en contrôler la légalité externe.

Cette théorie est inapplicable en droit fiscal, car elle se trouve en contradiction avec les textes et avec la jurisprudence; c'est pourquoi nous nous rallions à une conception plus souple du pouvoir discrétionnaire développé en droit administratif par M. Hauriou et récemment reprise pour le droit fiscal par M. Trotabas (1).

Pour M. Hauriou, le pouvoir discrétionnaire concorde avec ce qu'on appelle en administration « l'opportunité de la mesure » (2) : lorsqu'une autorité administrative a le pouvoir d'apprécier l'opportunité d'une mesure, elle n'échappe pas, par le fait même, au contrôle juridictionnel; car si le pouvoir discrétionnaire laisse à l'agent qui en est investi une certaine initiative, il se trouve cependant limité par le contrôle juridictionnel, qu'il soit judiciaire ou administratif, non pas seulement quant à la légalité externe, mais encore quant à la légalité intrinsèque et à la moralité (3).

Cette théorie se trouve correspondre en tout point à la conception fiscale du pouvoir discrétionnaire telle que le législateur et le juge l'ont établie.

En effet, le législateur s'est exprimé en ces termes : « Si une réclamation est introduite à propos des pouvoirs de rectification du contrôleur, le tribunal saisi du litige *apprécie les motifs* invoqués par l'Administration et par le contribuable et fixe la base d'imposition... (4) »

C'est pourquoi, nous voyons le juge, lorsqu'il est appelé à se prononcer sur un acte du contrôleur, rechercher non seulement

---

(1) D. H., 1928, Chronique, p. 37.

(2) M. HAURIOU, *Précis de Droit administratif*, 11e édit., p. 340 et 384.

(3) Cpr. encore en ce sens : R. ALIBERT, *op. cit.*, p. 84 et 258.

(4) L. 15 juill. 1914, art. 17. D. C., art. 91-§ 3.

si le contrôleur était compétent en droit, mais apprécier encore si, en fait, le contrôleur a bien appliqué le droit (1).

Dès lors, on peut dire du juge fiscal, qu'il « allie aux pouvoirs proprement contentieux du juge, les pouvoirs de police juridique d'un administrateur supérieur » et que « le pouvoir discrétionnaire de ce juge administrateur s'est dressé pour brider le pouvoir discrétionnaire de l'administrateur ordinaire » (2).

Ainsi que le déclare M. Trotabas, « l'arrêt Farrant montre en effet que lorsque le juge est amené à se prononcer sur la régularité des manifestations du pouvoir fiscal, il ne se borne pas à rechercher si le fisc a exercé légalement ses pouvoirs de contrôle. Il va plus au fond des choses, il scrute les motifs du contrôleur, il vérifie les raisonnements qui lui ont dicté sa décision, il en apprécie le bien fondé ».

Le recours contentieux constitue donc une sérieuse garantie pour les contribuables, car, tout en laissant au contrôleur des pouvoirs d'appréciation véritablement discrétionnaires, il permet au juge de reviser, en droit et en fait, les décisions de cet agent.

B) Rôle du contrôleur dans la procédure de contrôle.

Depuis la création de nos impôts sur le revenu, le rôle confié au contrôleur a pris une importance nouvelle.

Alors qu'auparavant, il lui suffisait de relever les signes extérieurs pour établir nos anciennes contributions, désormais le contrôleur doit être renseigné par le menu sur les différents revenus de chacun, pour être à même de discuter avec les assujettis et de découvrir les fraudes.

Il doit faire preuve de connaissances générales très étendues, autant de droit commercial que de comptabilité, mais on lui demande aussi des qualités de finesse et de tact, très utiles dans ses rapports avec les contribuables depuis que le système de la déclaration contrôlée, base de nos impôts sur le revenu, nécessite une collaboration fréquente entre contrôleur et contribuable.

---

(1) C. E., 7 janv. 1927, Farran, *D. P.*, 1927, III, 25 et la note de M. L. Trotabas et C. E., 8 juill. 1927, S., 27, III, 151. Cf. *infra*, pp. 88 et 134.
(2) M. Hauriou, *op. cit.*, p. 384.

Pour lui permettre de rechercher les fraudes, le contrôleur jouit donc de pouvoirs discrétionnaires dont le législateur a négligé de préciser l'étendue, et, en fait, il dispose d'un pouvoir d'appréciation légalement illimité.

Cependant, nous avons vu que pour être discrétionnaires ses pouvoirs ne sont pas souverains, et que ses actes peuvent être soumis à l'appréciation d'une juridiction fiscale qui veillera à la « défense de la légalité fiscale intrinsèque (1) », et il nous faut maintenant rechercher le rôle du contrôleur dans la procédure de contrôle et ensuite dans la procédure contentieuse.

a) *Procédure administrative.* — Au cours de cette procédure, le contrôle se fait le plus souvent par collaboration entre le fisc et le contribuable.

Le premier acte de collaboration émane du contribuable lorsqu'il apporte sa *déclaration*.

Après l'avoir examinée, en la confrontant avec les renseignements qu'il a recueillis au cours de son travail ou par l'exercice de son droit de communication, le contrôleur décide s'il y a lieu de la vérifier plus à fond. S'il accepte la déclaration, l'impôt est établi sur cette base, mais s'il l'estime incomplète, il use alors des pouvoirs dont il jouit, pour éclaircir certains points ou essayer de démasquer une fraude.

Le second acte de collaboration émane du contrôleur qui demande des *éclaircissements*.

Lorsque ce fonctionnaire estime suffisants les éclaircissements fournis, il établit l'imposition conformément à la déclaration; par contre, s'il les trouve trop succincts, il peut rectifier la déclaration, mais il doit être en mesure de faire la preuve du bien fondé de son rehaussement devant le juge, si le contribuable le saisit, car la déclaration jouit d'une présomption d'exactitude.

Le contrôleur est alors tenu d'inviter le contribuable à collaborer une troisième fois : il doit lui faire part du rehaussement qu'il projette et l'inviter à *présenter ses observations* ; contrôleur et contribuable essaieront de tomber d'accord, puis l'imposition sera établie définitivement par le contrôleur.

Dans certains cas, en vue de renforcer le contrôle dans quelques

---

(1) Note de M. L. Trotabas, C. E., 7 janv. 1927, *D. P.*, 27, III, 25.

impôts, le législateur a supprimé la présomption d'exactitude attachée à la déclaration, en donnant au fisc le droit d'exiger des *justifications*.

Faute de les fournir d'une manière satisfaisante, le contribuable se voit taxer d'office et, par suite, il est obligé de prouver l'exactitude de sa déclaration, s'il veut réclamer devant le juge.

Dans cette procédure de taxation d'office, le contrôleur n'est pas tenu de faire connaître ses motifs et d'inviter le contribuable à présenter des observations : le troisième acte de collaboration est donc supprimé.

Depuis 1926 des commissions de contribuables sont appelées, dans certains cas, à apprécier les justifications fournies (1), ce qui diminue le rôle du contrôleur, car si l'avis de la commission ne le lie pas, il a pour effet de faire retomber le fardeau de la preuve sur le contrôleur ou le contribuable, dans la mesure où l'un ou l'autre conteste cet avis.

Il ressort de cette procédure que le contrôleur jouit de pouvoirs discrétionnaires très étendus quant à l'opportunité du contrôle et quant à l'appréciation des renseignements fournis par le contribuable. Mais si tout est laissé à l'opinion subjective de cet agent du fisc qui, souvent, n'est pas tenu de dévoiler « le pourquoi de son opinion, ni le comment de sa documentation », nous savons que le contrepoids nécessaire de ces pouvoirs de contrôle se trouve dans la procédure contentieuse.

b) *La procédure contentieuse*. — Alors que dans la phase administrative du contrôle, c'était au contrôleur qu'il appartenait d'apprécier l'opportunité de ses vérifications, c'est maintenant au contribuable qu'il appartient de saisir le juge et de l'obliger à se prononcer sur la validité des actes du contrôleur.

Durant la phase administrative, le contrôleur n'était pas tenu de faire connaître les mobiles qui le guidaient, il appréciait discrétionnairement et à huis clos; désormais, il devra dévoiler au juge le pourquoi de son appréciation et, ainsi que nous l'avons vu (2), le juge vérifiera non seulement la légalité de ses actes, mais il revisera également son appréciation des faits.

---

(1) En matière de bénéfices industriels et commerciaux et de bénéfices des professions non commerciales.

(2) *Supra*, p. 27.

Certains pouvoirs du contrôleur auront leur dénouement ou plutôt leurs conséquences dans cette procédure contentieuse, ainsi, si ce fonctionnaire a usé du droit de rectifier une déclaration, il lui incombe désormais de prouver au juge le bien fondé de son rehaussement, tandis que lorsqu'il a eu le droit de taxer d'office, c'est au contribuable qu'il incombe de prouver ses dires.

Il est très curieux de remarquer que si, au cours de cette procédure contentieuse, le contrôleur doit répondre de ses actes devant le juge, il conserve cependant son rôle d'agent de l'Administration des Finances, puisqu'il est encore appelé à donner son avis.

En effet, toutes les réclamations sont transmises au directeur départemental des Contributions directes qui charge le contrôleur d'instruire l'affaire; ce dernier revise alors les dossiers et examine à nouveau les arguments invoqués par le contribuable; après avoir formulé son avis, il transmet le dossier au directeur départemental qui prononce le dégrèvement, si l'avis du contrôleur est favorable.

La décision du directeur doit alors être notifiée au contribuable et lorsqu'elle ne fait pas droit intégralement à la réclamation, la notification doit comporter d'une façon sommaire les motifs du rejet (1).

Le contribuable peut alors soumettre le litige au conseil de préfecture dans le délai d'un mois, la demande est communiquée au directeur qui la renvoie au conseil de préfecture avec le dossier de la réclamation primitive, après avoir fait procéder à une nouvelle instruction si cela était nécessaire. Le Conseil de préfecture examine ensuite l'affaire et peut ordonner une expertise; dans ce cas, c'est encore le contrôleur qui reçoit les rapports des experts et rédige lui-même un rapport où il exprime son opinion et discute l'avis des experts.

Ce rôle du contrôleur, chargé d'instruire une réclamation dirigée au fond contre lui, est très curieux, d'autant plus que chargé d'examiner à nouveau la déclaration du contribuable ainsi que la décision qu'il avait prise, il peut encore revenir sur son opinion et donner satisfaction au contribuable par l'inter-

---

(1) Instr. 31 déc. 1926; L. 15 juill. 1914, art. 22 et L. 31 juill. 1917, modifiées par L. 27 déc. 1927, art. 11, 12, 13.

médiaire du directeur départemental. Il exerce en quelque sorte un *self-contrôle*.

La déclaration du contribuable peut donc faire l'objet de trois vérifications successives : une première fois lorsque le contrôleur établit l'imposition, une autre fois lorsque, sur réclamation du contribuable, le contrôleur examine à nouveau sa décision, et enfin une troisième fois lorsque le juge se prononce sur les actes du contrôleur.

Seul, le premier contrôle nous retiendra dans cette étude, mais il était nécessaire de présenter l'ensemble de la procédure de contrôle tant administrative que contentieuse, car les actes accomplis durant cette première phase administrative ont leur répercussion dans la phase contentieuse.

II. — COMPÉTENCE DU CONTRÔLEUR

Le contrôle juridictionnel préserve le contribuable de toute appréciation arbitraire de la part du contrôleur, mais il nous faut encore délimiter la compétence de cet agent dans le temps et dans l'espace. Pendant combien de temps peut-il rechercher les fraudes? et en quels lieux peut-il exercer ses pouvoirs? Telles sont les questions qui se posent.

A) Le Contrôle dans le temps.

Dans cette recherche de la compétence du contrôleur dans le temps, il faut distinguer : d'une part, le délai de la prescription, c'est-à-dire le temps pendant lequel le contrôleur est autorisé à revenir sur une imposition, et, d'autre part, l'influence exercée par les variations de sa compétence d'après les lois successives, ou autrement dit peut-il appliquer à des procédures anciennes les pouvoirs accordés par des lois postérieures?

a) LE DÉLAI DE PRESCRIPTION. — Le contrôleur est appelé à vérifier l'exactitude des déclarations et à rechercher les personnes imposables qui ont omis de souscrire une déclaration. Quand sera-t-il forclos, ou, autrement dit, pendant combien de temps pourra-t-il rechercher ces insuffisances ou ces omissions?

Le législateur a accordé au contrôleur un certain délai pendant lequel il peut réparer les omissions et insuffisances commises par les contribuables ou par lui-même. Ce délai n'existait pas dans nos anciens impôts établis d'après des signes extérieurs, dont la constatation incombait aux agents du fisc, car on ne pouvait laisser les contribuables à la merci d'un rehaussement d'imposition pendant de trop longs délais, puisqu'ils ne devaient pas être rendus responsables des erreurs de l'Administration. Mais, depuis que nos impôts sur le revenu sont assis sur une déclaration c'est au contribuable qu'il appartient de déclarer exactement son revenu et, dès lors qu'il ne fournit pas de déclaration ou fournit une déclaration insuffisante, le contribuable est dans son tort; il devient donc normal, dans ce cas, de permettre aux agents du fisc la recherche des omissions et insuffisances durant un certain nombre d'années, recherche qui, limitée à un an, serait très difficile.

Ce redressement de l'imposition est possible même si le contribuable a été taxé d'office, car, dans ce cas, il est toujours fautif et il est alors naturel que l'Administration puisse revenir sur son évaluation (1).

Il nous faut préciser l'étendue de ce délai de reprise dans l'impôt général sur le revenu et dans nos impôts cédulaires.

A propos de l'impôt général sur le revenu. — Le législateur de 1914 (2) a prévu, que lorsqu'une insuffisance de revenu vient à être découverte postérieurement à l'établissement du rôle, l'impôt afférent à la partie dissimulée peut cependant être encore établi soit dans l'année même à laquelle se rapporte l'imposition, soit au cours des cinq années suivantes.

Cette disposition fut étendue aux insuffisances des impositions résultant d'une taxation d'office (3).

Mais si la loi mentionne seulement les insuffisances, faut-il en conclure que les omissions ne peuvent être l'objet de recherches postérieures?

Ce serait un non-sens, car les contribuables qui se seraient

---

(1) C. E. 20 janv. 1928, Sem. jurid., 1928, p. 399.

(2) L. 15 juill. 1914, art. 17, D. C., art. 97; C. d'Ét., 15 févr. 1924, Leb., 1924, p. 184, 6e esp.

(3) L. 29 déc. 1915, art. 5. D. C., art. 98; C. E., 11 avril 1924, Leb., 1924, p. 394, 11e esp.

abstenus de souscrire une déclaration se trouveraient dans une situation préférable à ceux dont la déclaration serait simplement insuffisante. Aussi, l'Administration a déclaré que le droit de rectifier pendant cinq ans, les impositions établies d'après un revenu insuffisant, avait pour corollaire évident celui de réparer dans les mêmes délais les omissions totales (1).

Ce délai de reprise, en matière d'impôt général, se trouve influencé par *le décès du contribuable*, car le décret du 17 janvier 1917 (art. 11) (2) décide que lorsque c'est à l'ouverture de la succession d'un contribuable que sont découvertes les omissions et insuffisances commises au cours des cinq années précédentes, elles peuvent être réparées dans un délai de deux ans après la déclaration de succession ou, faute de déclaration, après le paiement des droits de succession.

De ce fait, le délai de rappel se trouve porté à sept ans, mais naturellement les omissions et insuffisances peuvent être relevées seulement en ce qui concerne l'année du décès et les cinq années précédentes (3).

Il faut remarquer, toutefois, que ce décret de 1917 prévoit uniquement le cas où les omissions et insuffisances résultent de l'ouverture de la succession; si le contrôleur s'en aperçoit autrement, le délai normal doit s'appliquer bien que le contribuable soit décédé (4), et c'est seulement pendant cinq ans que le contrôleur peut réparer les omissions ou insuffisances.

Dans nos *impôts cédulaires* (5), les omissions totales et partielles peuvent être recherchées pendant cinq ans, même lorsque l'imposition a été établie par voie de taxation d'office (6). Aucune disposition spéciale n'a été prévue au cas de décès du contribuable.

-----

(1) I., 1918, art. 204.

(2) Depuis, D., 30 déc. 1926, art. 9.

(3) La loi du 15 juillet 1914 (art. 20, modifiée L. 30 déc. 1916, art. 5) avait déjà décidé que le décès du contribuable ne mettait pas fin aux délais de rappel, mais sans préciser le temps pendant lequel le fisc pouvait exercer ses droits de reprise après décès.

On peut dès lors se demander quelle est la valeur de ce décret qui augmente de deux ans la prescription établie par la loi !

(4) I., 1918, art. 205.

(5) Il faut mettre à part l'impôt cédulaire des propriétés bâties et non bâties, à l'égard duquel les insuffisances et omissions ne peuvent être relevées, car la fixité des évaluations pendant les périodes décennales et vicennales y met obstacle.

(6) L. 31 juill. 1917, art. 11, 37, 54. D. C., art. 70.

En résumé, le contrôleur jouit d'un délai de six ans pour établir une imposition et la modifier, puisqu'il peut réparer les omissions et insuffisances jusqu'à l'expiration de la cinquième année suivant celle au cours de laquelle l'impôt devait normalement être établi (1).

Il fallait toutefois que le rôle ait été non seulement établi dans les cinq années, mais aussi mis en recouvrement et publié (2); or, par publication, on devait entendre la date réelle de la publication et non celle de l'émission (3).

Depuis le décret du 16 novembre 1926 qui a supprimé la formalité de la publication du rôle, il suffit qu'il ait été mis en recouvrement dans les délais de rappel.

b) Variation de la compétence du controleur dans le temps. — A propos de cette recherche des omissions et insuffisances durant un délai de cinq ans, il se pose une question très délicate : de quelle compétence le contrôleur dispose-t-il dans la recherche des omissions antérieures? Peut-il rechercher des omissions commises en 1923 avec la compétence dont il jouit en 1928, ou doit-il se limiter à la compétence dont il disposait en 1923?

Dans le silence des textes, on ne doit pas reconnaître un effet rétroactif aux dispositions qui étendent la compétence du contrôleur. Ainsi, le droit d'exiger des justifications et de taxer d'office lorsque le contrôleur a réuni des éléments précis ne nous paraît pas devoir s'appliquer pour le contrôle des omissions commises en 1923, car il a été établi en 1925 sans aucune disposition rétroactive (4). Ainsi, lorsque le contrôleur s'aperçoit en 1926 d'une fraude commise en 1921, il n'est pas fondé à exiger des justifications relatives aux revenus des cinq années précédentes, il doit limiter l'usage de ce droit à l'année 1926, quitte à employer un autre moyen de contrôle pour rechercher les omissions antérieures.

---

(1) Ce délai se trouve encore étendu du fait que l'impôt sur les bénéfices industriels et commerciaux peut être établi sur des bénéfices réalisés dans la période de douze mois dont les résultats ont servi à l'établissement du dernier bilan (D. C., art. 3). Ainsi, en 1928, un contrôleur peut rechercher des fraudes commises en 1921 car, en 1923, le commerçant a été imposé sur des bénéfices réalisés en 1921 et 1922.

(2) R. M. n° 16339. *J. O.,* 1923, Déb. parl. Ch., p. 1729.

(3) Circ. 6 août 1924, n° 1424. I., 1918, art. 203.

(4) L. 13 juill. 1925, art. 9 et 16.

Par contre, lorsque le législateur s'est exprimé sur ce point, l'effet rétroactif est indiscutable : ainsi, le droit de communication conféré aux agents du Trésor par l'article 32 de la loi du 31 juillet 1920 est certainement rétroactif, car il débute en des termes qui ne peuvent prêter à aucune équivoque : « Pour permettre. le contrôle des déclarations d'impôts et la recherche des omissions ou des fraudes qui auraient pu être commises dans le délai de la prescription..... »

B) Le contrôle dans l'espace.

L'étude des pouvoirs de contrôle dans le temps nous amène naturellement à étudier l'exercice de ces pouvoirs dans l'espace.

Dans l'organisation administrative actuelle, le contrôleur est compétent *ratione loci* : il exerce ses pouvoirs dans la division qui lui a été confiée; en dehors de cette division, il est incompétent, sauf lorsque l'Administration et la loi lui en reconnaissent spécialement le pouvoir en le chargeant d'une mission à effectuer dans une autre division (1).

Cette compétence *ratione loci* n'est pas sans présenter certains avantages : elle évite d'une part des conflits de compétence, d'autre part elle facilite la recherche des renseignements dans un territoire ainsi limité; seulement, depuis qu'un élément personnel a été introduit dans notre législation par la création de l'impôt général sur le revenu, il était nécessaire de prévoir le groupement de tous les renseignements concernant la fortune d'un contribuable, au « lieu de son principal établissement », c'est pourquoi, lorsqu'un contribuable possède des biens dans plusieurs divisions, les divers contrôleurs doivent échanger entre eux tous les renseignements susceptibles de servir au contrôle.

Notons que depuis 1922 il existe un « Service des recherches (2) »

____

(1) La déclaration des avoirs à l'étranger (L. 22 mars 1924, art. 65 et L. 13 juill. 1925, art. 21. D. C., art. 90) semble entraîner une exception à cette compétence *ratione loci*, car elle doit être soumise à un contrôle qui ne peut être que *ratione personæ*. Signalons également que cette question se rattache à celle des doubles impositions. Cf. William OUALID, *Les solutions internationales du problème des doubles impositions, Rev. Sc. et Lég. Fin.*, janv. 1927.

(2) Circ. 12 avril 1922, n° 1378.

dont le rôle est de relever, dans les diverses administrations publiques, les renseignements utiles au contrôle pour les communiquer aux contrôleurs intéressés.

Nous en avons terminé avec la présentation du contribuable et du contrôleur, et puisque désormais le rôle de chacun nous est connu, il nous faut aborder l'étude du contrôle proprement dit.

PREMIÈRE PARTIE

LES POUVOIRS DE CONTROLE DU FISC

———

Sur ce point, la compétence du contrôleur se ramène à la recherche des personnes imposables et à la vérification des déclarations; elle se manifeste toutefois par des pouvoirs très différents suivant que le contrôleur agit par lui-même, d'une façon unilatérale, ou suivant qu'il fait appel à une collaboration effective du contribuable.

Si le contrôleur peut user indifféremment de tous ses pouvoirs sans être astreint à suivre aucun ordre, pratiquement, il use tout d'abord des renseignements dont il peut avoir connaissance sans importuner le contribuable; c'est pourquoi cette classification des pouvoirs de contrôle en pouvoirs unilatéraux, d'une part, et en pouvoirs nécessitant la collaboration du contribuable, d'autre part, doit logiquement servir de guide pour l'étude des nombreux textes législatifs.

Nous envisagerons donc dans le chapitre I : le contrôle unilatéral de l'Administration, tandis que le chapitre II sera réservé à l'étude du contrôle contradictoire en collaboration avec le contribuable.

———

CHAPITRE I

LE CONTROLE UNILATÉRAL
DE L'ADMINISTRATION

———

Ce contrôle s'effectue dans l'ombre, d'après les renseignements de toutes sortes dont l'Administration dispose. Il est unilatéral en ce sens que le contribuable n'y collabore pas, mais il peut se présenter sous trois aspects différents selon que le contrôleur use des renseignements qu'il a recueillis au cours de son travail, ou des indices que révèle le train de vie du contribuable, ou des renseignements issus du droit de communication.

Une première section sera consacrée à l'étude des renseignements recueillis par le contrôleur au cours de son travail.

Le contrôle par les signes extérieurs ou par le train de vie du contribuable fera l'objet de notre deuxième section.

Notre troisième section sera réservée à l'étude du droit de communication, soit qu'il s'exerce entre les diverses Administrations, soit que le contrôleur en use directement vis-à-vis des contribuables (1).

———

Ire Section. — RENSEIGNEMENTS QUE LE CONTROLEUR PUISE
DANS SON TRAVAIL

Rien que par l'accomplissement de son travail journalier, le contrôleur est à même de recueillir quantité de renseignements très utiles (2). Avant de préciser la nature de ceux-ci, il nous faut indiquer à quelles sources le législateur a permis de les puiser.

———

(1) Le droit de communication vis-à-vis de certains contribuables est traité dans ce chapitre, bien qu'il nécessite l'intervention des déclarants, mais il s'agit d'une simple communication de pièces et non d'une collaboration effective.

(2) I. 1918, art. 188.

I. — Nature des renseignements

Des indications sur la provenance de ces renseignements nous sont fournies par deux textes législatifs : l'un, l'article 17 de la loi du 15 juillet 1914, rédigé en termes fort timides, l'autre, l'article 5 de la loi du 30 décembre 1916 (1), qui, abrogeant le précédent, augmente considérablement le champ d'action du contrôleur.

L'article 17 était ainsi conçu :

« Le contrôleur vérifie les déclarations uniquement à l'aide des éléments certains dont il dispose en vertu de ses fonctions, tels que les données servant à l'établissement des rôles des contributions directes et des taxes assimilées ainsi que de ceux qui, recueillis par tous les services publics en vertu des lois existantes, doivent, sans exception, lui être communiqués. Il n'a le droit d'exiger de l'intéressé la production d'aucun acte, livre ou document quelconque. »

Il est intéressant de se reporter aux travaux parlementaires (2) pour étudier la genèse de ce texte et comparer le timide point de départ du contrôle avec le caractère presque inquisitorial qu'il revêt de nos jours.

La commission de la Chambre des Députés proposait ce texte : « Le contrôleur vérifie les déclarations uniquement à l'aide des renseignements dont il dispose... »

Sur une proposition de M. Baduel, afin d'éviter la délation on restreignit les renseignements, dont l'usage était permis au contrôleur, à ceux dont il dispose « en vertu de ses fonctions ».

A son tour, la commission sénatoriale (3), estimant trop large le mot « renseignement », proposa de lui substituer les termes « éléments certains », ce qui fut adopté dans l'article 17 définitif.

Mais, dès 1916, l'article 5 de la loi du 30 décembre 1916 substitua à ces dispositions précises et restreintes un texte laco-

---

(1) Actuellement, art. 91 D. C.
(2) D. P., 1915, IV, 42.
(3) Rapp. de M. Aimond, 6 juill. 1914. *Bull. Dup.*, 1915, p. 491.

nique, mais d'une portée très' étendue, dont voici la teneur :
« Le contrôleur vérifie les déclarations, il peut demander au contribuable des éclaircissements. »

Si le législateur, en 1914, craignait de conférer trop de pouvoir à l'Administration, dès 1916 il reconnut que le salut de l'impôt sur le revenu reposait sur un contrôle efficace, et, depuis, les pouvoirs d'investigation du fisc ont toujours été en croissant.

D'autre part, cet article 5 de la loi du 30 décembre 1916 est un premier exemple de l'imprécision voulue par le législateur dans la rédaction des textes relatifs au contrôle, imprécision qui laisse une large appréciation personnelle au contrôleur d'abord, en vertu de son pouvoir discrétionnaire, et ensuite au juge, au cas de recours contentieux.

Il faut reconnaître que dans l'impossibilité où il se trouvait d'énumérer tous les renseignements dont l'usage serait permis, le législateur a pris la solution la plus sage en laissant au contrôleur un certain pouvoir d'appréciation sous la garantie d'un recours contentieux. Et les contribuables ne doivent pas s'en inquiéter, car, pratiquement, le champ d'action du contrôleur ne s'en trouve pas plus étendu.

D'après l'article 17 de la loi du 15 juillet 1914, les *éléments certains*, dont le contrôleur pouvait faire usage, se limitaient aux données servant à l'établissement des rôles des contributions directes et des taxes assimilées, ainsi qu'aux renseignements recueillis par tous les services publics (1).

Nos anciennes contributions étaient établies d'après les signes extérieurs et particulièrement d'après la valeur locative des biens; les *éléments certains* n'étaient donc que les signes extérieurs dont on avait fait usage pour l'assiette de nos « quatre vieilles ».

Si depuis 1916 le contrôleur n'est plus obligé de s'en tenir aux *éléments certains*, pourra-t-il se livrer à des enquêtes, interroger les tiers, bref, se documenter par n'importe quel procédé loyal ou déloyal? Certainement non, car cet article 5 de la loi du 30 décembre 1916 n'a pas institué le système de la délation,

---

(1) Les éléments recueillis par tous les services publics seront examinés *infra*, p. 58, à propos du droit de communication.

et ainsi que le dit M. Sauvage (1), « la loi nouvelle n'a pas apporté exception au principe d'après lequel toute pièce que l'une des parties s'est procurée par des moyens illégitimes, doit être tenue pour non existante ».

La différence entre les *éléments certains* de 1914 et les *éléments* dont le fisc peut user depuis 1916 semble donc minime. Pourtant, depuis 1916, le contrôleur peut faire état de tous les renseignements venus à sa connaissance, pourvu que ce soit d'une façon loyale, tels que : « annonces, prospectus, affiches, réclames ».

II. — Provenance des renseignements

Le contrôleur, en possession de la déclaration, va se reporter au dossier individuel dont l'instruction du 10 mai 1917 prévoyait déjà l'établissement (2).

Ce dossier est tenu, pour chaque contribuable ou personne susceptible de l'être, par le contrôleur de son domicile ou de sa résidence principale, car il est seul compétent pour déterminer le revenu global imposable dudit contribuable et la plupart de ses revenus cédulaires (3).

Le contrôleur note sur ce dossier tous les renseignements qu'il est à même de recueillir au cours de ses recherches personnelles, ainsi que tous ceux qui lui sont transmis par les contrôleurs des diverses résidences de ce contribuable, au moyen de bulletins.

Les déclarations antérieures relatives à l'impôt général et aux impôts cédulaires (4), ainsi que toutes les impositions des années précédentes, figurent dans ce dossier, ce qui simplifie beaucoup la tâche administrative, car tous les renseignements se trouvent centralisés et de la confrontation des déclarations actuelles avec les déclarations antérieures le contrôleur peut tirer d'utiles déductions.

Une autre source de renseignements, et des plus précieuses, est

---

(1) *Les impôts sur le revenu et les moyens de contrôle du fisc,* p. 66.

(2) Depuis I. 30 mars 1918, art. 226.

(3) Le lieu d'imposition peut être différent du domicile lorsqu'il s'agit de la cédule des bénéfices industriels et commerciaux (D. C., art. 14 et I. 30 mars 1918, art. 226) et de la cédule des bénéfices des professions non commerciales depuis l'article 14, L. 4 avril 1926. D. C., art. 55 ; ce qui nécessite l'ouverture de deux dossiers.

(4) La circulaire du 20 août 1921 attire l'attention du contrôleur sur ce point.

fournie au contrôleur par les constatations effectuées pour l'établissement des anciennes contributions directes et des taxes assimilées.

Car si les contributions personnelle-mobilière, des patentes et des portes et fenêtres furent supprimées, par la loi du 31 juillet 1917 (1), en tant qu'impôt d'État, elles continuent à être perçues au profit des départements et communes (sauf la contribution des portes et fenêtres qui a été supprimée entièrement par la loi du 19 juillet 1925) (2).

Quant à l'impôt foncier, modifié par la loi du 29 mars 1914, il est incorporé dans le nouveau régime des impôts sur le revenu, et les départements et communes continuent à percevoir des centimes additionnels.

Comme le dit M. Bocquet (3) : « si ces contributions venaient à disparaître, l'assiette des impôts cédulaires s'en trouverait sérieusement affectée du fait que l'Administration des Contributions directes tendrait de plus en plus à n'établir ses impositions que sur pièces, comme l'Administration de l'Enregistrement ».

L'Administration a soin de recommander (4) au contrôleur de prendre note, en vue de l'établissement de l'impôt sur le revenu, de tous les documents qu'il consulte notamment pour l'assiette de la contribution foncière, de la contribution personnelle-mobilière et des taxes assimilées, s'ils contiennent des « renseignements de quelque importance pouvant fournir un élément d'appréciation ou d'évaluation des revenus ».

En fait, les renseignements les plus utiles sont fournis par les données servant de base aux deux contributions foncières, car elles sont assises sur la valeur locative (5). Connaissant ces valeurs locatives, l'Administration a en main une présomption qu'elle peut invoquer pour démontrer l'inexactitude d'une déclaration (6).

Ces renseignements sur les propriétés bâties et non bâties sont tenus au courant des diverses mutations foncières, car

---

(1) Art. 1.
(2) Art. 3.
(3) Bocquet, *op. cit.*, p. 828.
(4) L 1918, art. 211. Circ. 20 août 1921, n° 1363.
(5) L 3 frimaire an VII. L. 2 mars 1791.
(6) Sauvage, *op. cit.*, p. 66.

les notaires doivent communiquer à l'Enregistrement un extrait des actes translatifs de propriété (1), et le contrôleur, de son côté, doit tenir son bulletin à jour.

D'autre part, les travaux de répartition du contrôleur pour l'établissement de la contribution mobilière (2) dans les communes de moins de 5.000 habitants, ainsi que les travaux effectués pour le recensement annuel dans les villes de plus de 5.000 habitants, fournissent des indications sur les décès, départs, arrivée, professions, loyers et diverses résidences des contribuables.

Enfin, les opérations d'assiette relatives à la contribution des patentes (3) fournissent des renseignements sur la valeur locative des locaux professionnels, de l'habitation personnelle, et sur l'importance des moyens de production, etc...

Quant aux taxes assimilées, elles donnent simplement des indications sur les dépenses et non sur les recettes du contribuable.

Exemple : taxe sur les voitures et chevaux, sur les gardes-chasses, sur les chiens (4), etc...

Les taxes sur les autos (5) et les billards (6) ne rentrent plus dans le service de l'Administration des Contributions directes, car elles dépendent de l'Administration des Contributions indirectes, où le contrôleur peut toutefois puiser des renseignements en vertu de son droit de communication (7).

A l'aide de tous ces éléments, le contrôleur peut être fixé sur la sincérité d'une déclaration, et lorsque les renseignements dont il dispose sont assez nombreux et suffisamment concordants, il limite souvent ses vérifications à ce premier stade et accepte la déclaration; par contre, si certaines inexactitudes lui sont apparues, il peut pousser plus loin ses investigations.

---

(1) L. 20 mai 1915.
(2) L. 21 avril 1832, art. 9.
(3) L. 2 mars 1791 modifiée L. 15 juill. 1880 et L. 19 avril 1905.
(4) L. 2 juill. 1862 modifiée L. 23 juill. 1872. L. 30 juill. 1913, art. 6. L. 2 mai 1855.
(5) L. 25 juin 1920, art. 99.
(6) L. 31 déc. 1921, art. 12.
(7) *Infra*, p. 58.

IIe Section. — LE CONTROLE PAR LES SIGNES EXTÉRIEURS

Avec la loi du 31 juillet 1917 qui supprimait nos anciennes contributions directes, tout en créant nos impôts cédulaires, il semblait bien que le procédé d'imposition d'après les signes extérieurs était en voie de disparaître, car nos nouvelles dispositions fiscales cherchaient à réaliser plus de justice par la déclaration du revenu réel.

Cependant, l'imposition forfaitaire d'après les signes extérieurs trouve encore place dans quelques cédules (1), mais à titre transitoire, car le législateur désire établir partout le système de la déclaration contrôlée.

Il est curieux de constater que ces signes extérieurs, dont on ne voulait plus en tant que procédé d'assiette, ont réapparu dans nos impôts sur le revenu soit comme procédé de contrôle entre les mains du fisc, soit pour servir de base à une taxation d'office vis-à-vis des contribuables fautifs (2).

Cette vérification de l'imposition d'après « les dépenses », plus communément appelée « contrôle par les signes extérieurs », est aujourd'hui d'actualité dans beaucoup de pays (3). En France, elle s'est introduite dans la pratique administrative dès 1916, pour être confirmée et renforcée par la loi du 13 juillet 1925 (4).

Nos impôts actuels, basés sur le revenu réel, cherchent à atteindre tout revenu à la disposition du contribuable : il est donc logique de vérifier ces revenus à leur entrée dans la caisse des assujettis; telle fut, du reste, l'ambition du législateur. Mais, pour être très exact et par conséquent plus juste, ce contrôle doit être très rigoureux, par suite il est d'un usage difficile. Et c'est pour compléter ce « contrôle à l'entrée » que s'est établi dans notre législation un « contrôle à la sortie »

---

(1) Bénéfices industriels et commerciaux jusqu'en 1926. Bénéfices de l'exploitation agricole. Revenus fonciers.

(2) Cet emploi des signes extérieurs comme base de la taxation d'office sera étudié à propos du « pouvoir de taxation d'office », *infra*, p. 131.

(3) États-Unis, J. HARISTOY, *L'information à la source dans l'application de l'income tax fédéral des États-Unis de l'Amérique du Nord*, Rev. Sc. et Lég. Fin., oct. 1927, p. 654.

Italie, G. FASOLIS, *Les applications pratiques de la notion de dépense comme base d'imposition*, Rev. Sc. et Lég. Fin., avril 1927.

(4) Art. 9 et 16.

d'après les dépenses : contrôle qui, moins précis, est d'un usage plus facile, car il ne nécessite aucune inquisition chez le contribuable, les dépenses à retenir pour établir son train de vie se faisant au grand jour.

Certains (1) voudraient que les dépenses du contribuable constituent l'unique base d'imposition; mais ce serait contraire au principe actuel et fondamental en matière de finances, qui exige que toute la richesse du contribuable soit frappée par l'impôt. Ces justes raisons n'existeraient plus si on établissait une immunité fiscale pour le revenu non dépensé mais épargné (2); par ce procédé, l'avare serait favorisé, car déjà mauvais contribuable en matière d'impôts indirects parce qu'il consomme peu, il échapperait également à l'impôt sur le revenu. Donc, à rejeter comme base d'imposition et comme unique moyen de vérification; la notion de dépense doit être combinée au « contrôle à l'entrée ».

Et telle est notre législation actuelle où l'on rencontre le contrôle « à l'entrée » comme procédé normal pour saisir le revenu réel dont jouit le contribuable, et le contrôle « à la sortie » pour vérifier s'il n'a pas été dépensé plus d'argent que le premier contrôle n'en avait révélé. Il y a là comme une manière de suppléance et de vérification du premier contrôle, qui se trouvait impuissant vis-à-vis des thésaurisateurs.

L'examen des dépenses a de plus l'avantage de saisir certains produits, qui, même connus, ne pourraient être directement imposables, parce qu'ils ne répondent pas à une catégorie fiscale de revenu : révélés par les dépenses du contribuable, ils seront du moins taxés à l'impôt général (3). Le contribuable n'osera réclamer, car si la source de ce gain, le plus souvent illégitime, était révélée aux agents du fisc, ce serait également à l'autorité judiciaire qu'il devrait rendre des comptes.

Il nous faut envisager maintenant les applications de ces principes dans notre législation :

Dans une première période, le législateur n'a pas réglementé d'une façon précise l'emploi du contrôle par les signes exté-

---

(1) G. FASOLIS, *op. cit.* : « L. Einaudi, J. Ingenbleck, Irwing Fisher. »

(2) G. FASOLIS, *op. cit.*, p. 208.

(3) Par exemple : gains illégitimes (vol, contre-lettre, etc.); en ce sens : G. FASOLIS, *op. et loc. cit.*

rieurs, mais, interprétant certains textes, l'Administration a donné d'elle-même quelques directives à ses agents.

A partir de 1925 s'ouvre une seconde période, dans laquelle le législateur a prévu un emploi rigoureux de ce contrôle à l'égard de l'impôt général et de la cédule des professions non commerciales.

I. — LE CONTRÔLE PAR LES SIGNES EXTÉRIEURS DANS L'IMPÔT GÉNÉRAL

A) Emploi restrictif des signes extérieurs.

La loi de 1914 avait prévu le contrôle de la déclaration au moyen des *éléments certains* (1) dont le contrôleur disposait en vertu de ses fonctions; or, ces éléments certains lui étaient fournis par les taxes assimilées frappant certaines dépenses du contribuable, et par l'assiette de nos « quatre vieilles » basées sur les signes extérieurs.

Ce procédé était donc par le fait un contrôle par les signes extérieurs, et l'Administration s'exprimait ainsi, à ce propos, dans l'Instruction du 10 mai 1916, commentant la loi de 1914.

« Les documents desquels résulte la preuve directe et irréfutable de la réalisation des revenus ne sont pas les seuls que le contrôleur doive utiliser pour la vérification et le redressement des déclarations; il peut valablement se servir de tous ceux qui fournissent un élément de preuve, c'est-à-dire une donnée incontestable de laquelle il soit possible de tirer par voie de déduction une présomption de l'existence des revenus, assez forte pour entraîner en cas de contestation la conviction du juge du litige. »

Depuis, l'article 5 de la loi du 30 décembre 1916 (2) a étendu les pouvoirs de vérification de l'Administration, sans les préciser, et lui a donné le droit de demander des éclaircissements, droit que l'Administration avait ainsi interprété dans son Instruction du 30 mars 1918 (3) :

---

(1) Art. 17 cité *supra*, p. 39.
(2) Art. cité *supra*, p. 40.
(3) Art. 189.

« Les demandes d'éclaircissements ont pour objet de provoquer les explications du déclarant sur les discordances, etc... Elles pourront aussi être valablement motivées par l'insuffisance apparente du revenu déclaré eu égard *aux conditions d'existence du contribuable telles qu'elles résultent du chiffre de son loyer ou de tous autres signes extérieurs de sa situation de fortune.* »

De l'interprétation de ces textes, tant législatifs qu'administratifs, il résulte que la législation première de l'impôt sur le revenu permettait au contrôleur de vérifier la déclaration au moyen des signes extérieurs. Il pouvait rehausser une déclaration s'il y avait discordance apparente entre le revenu déclaré et le train de vie du contribuable si ce dernier ne pouvait en justifier dans sa réponse à la demande d'éclaircissements. Toutefois, le contrôleur *devait faire la preuve du bien fondé de son rehaussement* si le contribuable intentait un recours contentieux.

On ne pourrait objecter que ce droit de contrôle résultait seulement d'une Instruction ministérielle et qu'il n'obligeait par conséquent que les fonctionnaires, car d'après le droit commun, le fisc peut faire la preuve de l'inexactitude par tous moyens (1) de nature à entraîner la conviction du juge même par simples présomptions morales. Notre Code civil (2) admet, en effet, les présomptions simples comme mode de preuve si elles sont « graves, précises et concordantes ». L'Administration est donc fondée à rechercher toutes les présomptions qu'elle peut découvrir contre la déclaration (3) même venant de signes extérieurs, pourvu qu'elles soient graves, précises et concordantes, surtout avec le laconisme de l'article 5 de la loi du 30 décembre 1916, qui lui laisse tout pouvoir. Naturellement, le juge reste maître d'apprécier ces présomptions à leur juste valeur.

Pratiquement, ce contrôle fut d'un usage peu fréquent, car il était très difficile pour l'Administration de fournir une preuve précise de l'inexactitude d'une déclaration, à l'aide des signes extérieurs, à moins que la différence entre le revenu apparent et le revenu déclaré ne fût manifestement considérable. En

---

(1) C. P. Haute-Saône, 1er juin 1922, Leb., p. 495, 11e esp.
(2) Art. 1349 et suiv.
(3) En ce sens, ALLIX et LECERCLÉ, *L'impôt général sur le revenu*, t. II, p. 239.
Arrêt du C. P. de la Seine, rapporté par le *Temps* du 10 août 1925.

outre, l'Administration recommandait à ses agents de ne rectifier les déclarations « qu'avec circonspection » (1).

Devant l'échec presque total du contrôle par les signes extérieurs, souvent seul possible, le législateur décida de le rendre plus rigoureux.

B) Renforcement du contrôle par les signes extérieurs.

Cette aggravation se traduisit par une *atteinte à la présomption d'exactitude* attachée à la déclaration.

Alors qu'autrefois, pour rectifier une déclaration qu'il croyait inexacte, le contrôleur devait se trouver en mesure *d'en prouver l'inexactitude*, depuis 1925 lorsqu'il a réuni quelques éléments précis sur les dépenses du contribuable il a le droit d'exiger des justifications, et à leur défaut il peut taxer d'office ; *la charge de la preuve incombe alors au contribuable.*

Cette grave réforme fut introduite dans notre législation fiscale par l'article 16 de la loi du 13 juillet 1925 (2) : « Lorsque le contrôleur a réuni des éléments précis permettant d'établir que les dépenses d'un contribuable sont notoirement supérieures au revenu qu'il a déclaré, il doit les soumettre au contribuable et celui-ci est tenu de justifier la différence. Faute de fournir les justifications nécessaires dans un délai de vingt jours..., le contribuable est taxé d'office. »

Comme le dit M. Trotabas (3), cet article contient « autant d'expressions qui, sous une apparence de précision, donnent en réalité au contrôleur le pouvoir d'apprécier absolument les conditions d'exercice du contrôle et notamment de taxer d'office quand il le juge opportun : lui seul, en effet, apprécie subjectivement la précision des éléments recueillis ou le bien-fondé des dépenses du contribuable (4). »

____

(1) I. 1918, art. 191.

(2) Maintenu par l'article 13 L. du 4 avril 1926. D. C., art. 93.
Ce renforcement du contrôle par les signes extérieurs avait été institué par l'article 9 de la même loi à propos du contrôle de la cédule des *professions non commerciales*.
Avant d'avoir été mis en application il fut supprimé par l'art. 12 L. du 4 avril 1926 qui prévoyait un autre procédé de contrôle.
Toutes les dispositions prévues dans cet article sont applicables à l'impôt général (art. 16 L. 13 juill. 1925).

(3) *D. P.*; 27, III, 25. Note sous C. E. 7 janv. 1927, Farran.

(4) Sous réserve cependant du contrôle judiciaire.

En effet, cette imprécision législative, en matière de contrôle fiscal (1), laisse au fisc des pouvoirs d'appréciation d'autant plus étendus qu'ils sont moins définis; nous essaierons cependant de les délimiter en nous reportant aux travaux parlementaires (2), bien que la lecture de ces débats soit quelque peu décevante.

Citons tout d'abord, une déclaration du ministre des Finances : « Je ne veux par entrer dans le détail du système, dit-il, parce que j'estime qu'en cette matière, s'il appartient au Parlement de donner des directives, il appartient au Gouvernement de les traduire dans des textes (3). » Cette déclaration laisse donc de larges pouvoirs aux circulaires, auxquelles il faudra également se reporter.

D'après cet article 16, le contrôleur doit réunir des *éléments précis* permettant d'établir que *les dépenses* du contribuable sont *notoirement* supérieures au revenu déclaré.

Reprenons chacun de ces termes et essayons de les préciser :

Éléments précis, quels termes pourraient être plus vagues sous une apparente précision? Tout au plus peut-on en déduire que le contrôleur ne doit pas se contenter de simples indices, ou de bruits sans précision, pas plus qu'il n'est fondé à faire état de données recueillies par voie d'indiscrétions ou de dénonciations (4).

Ces « éléments précis » doivent donc être établis avec une certitude telle que leur existence ne puisse être valablement contestée (5), mais il n'en faut pas demander plus au contrôleur.

D'autre part, sur quelles *dépenses* ces éléments précis doivent-ils porter? Le fisc a-t-il la latitude de tirer argument de toutes les dépenses privées? Certainement pas, car le ministre des Finances s'exprimait ainsi (6) : « La commission a posé le droit du contrôleur de s'enquérir des dépenses, non pas d'espionner les déjeuners en ville ou au restaurant mais de considérer des dépenses saisissables, évidentes, loyer d'abord mais aussi auto-

---

(1) *Supra*, p. 40, art. 5, L. 30 déc. 1916.
(2) *J. O.*, Déb. parl., 22 févr. 1925. p. 1082.
(3) *J. O.*, Déb. parl., 22 févr. 1925. p. 1096.
(4) *Supra*, p. 40. En ce sens, de Boiry. *Rec. gén. L.* 1926. 1re partie, p. 124.
(5) Circ. 29 août 1925, n° 1448.
(6) *J. O.*, Déb. parl., séance 22 févr. 1925, p. 1083.

mobiles, domestiques, chasses, villégiatures. Vous le voyez, quoique les mots « dépenses ostensibles » n'aient pas été reproduits, il s'agit bien de cela, il s'agit bien des signes extérieurs. »

Donc, le contrôleur peut tenir compte des seules dépenses faites publiquement et ostensiblement, soit en partie par nécessité (nourriture, habillement, logement, domesticité), soit pour le seul agrément (villas, voitures, etc...) (1).

Il faut, en définitive, s'en rapporter à un ensemble de circonstances pour établir le train de vie d'un contribuable.

Enfin, ces dépenses doivent être *notoirement supérieures* au revenu déclaré, dit le texte.

Ici, les opinions diffèrent, les uns en concluent que les dépenses doivent être franchement supérieures au revenu déclaré, le terme « notoirement » impliquerait une « forte exagération » (2); les autres, au côté de qui nous nous rangeons, considèrent qu'en usant du mot « notoirement », le législateur vise les dépenses connues des tiers, ce qui est, du reste, l'interprétation administrative (3).

Les éléments précis, réunis par le contrôleur, doivent être soumis au contribuable, pour lui permettre de justifier ses dépenses dans les vingt jours.

Le contribuable doit alors apporter à l'appui de ses affirmations des preuves suffisantes et faire connaître l'origine des sommes qui ont servi à couvrir l'excédent de ses dépenses (4); faute de fournir des justifications satisfaisantes, il se voit taxé d'office.

L'intérêt de ce renforcement du contrôle par les signes extérieurs réside donc dans un *déplacement de la preuve :* alors qu'avant 1925, au cas de recours contentieux de la part du contribuable, le contrôleur devait prouver le bien fondé d'un rehaussement basé sur les signes extérieurs, il lui suffit dorénavant d'établir avec certitude certains faits, appelés par le législateur *éléments précis*, et c'est au contribuable qu'il incombe de justifier l'origine de ses dépenses.

---

(1) Circ. 29 août 1925, n° 1448. Rapp. de la Commission des Finances à la Ch., *J., O.*, Déb. parl. Ch., 1924, n° 537.

(2) En ce sens, voir : *Jurisclasseur fiscal*, division 53 *bis*, et *J. O.*, Déb. parl., 22 févr. 1925, p. 1082. Déclaration de M. Evain.

(3) En ce sens : circ. 29 août 1925, n° 1448.

(4) En ce sens : *ibid.*

Constatons que cet emploi des signes extérieurs peut servir uniquement au fisc, car si le contrôleur peut taxer d'office lorsque certaines dépenses dénotent un revenu supérieur au chiffre du revenu déclaré, il n'appartient pas au contribuable de réclamer contre une rectification ou une taxation d'office parce qu'il la trouve supérieure à son train de vie.

Pratiquement, ce contrôle est d'un maniement très délicat, car les justifications sont difficiles à fournir (1) et les signes extérieurs parfois trompeurs.

Le loyer, en effet, ne peut être un indice certain, car il est appelé à varier suivant la situation de famille ou les nécessités d'un commerce : ainsi que l'a révélé une enquête de M. de Lasteyrie (2), les loyers varient du simple au double à situation de fortune égale; or le loyer est, des signes extérieurs, le plus aisé à retenir. Enfin, gens de maison, chevaux, voitures, sont parfois plus une nécessité qu'un objet de luxe.

Bref, le rendement de ce contrôle dépendra beaucoup du tact des contrôleurs, tact dont ils devront faire preuve aussi bien, dans l'évaluation des dépenses à retenir que dans l'appréciation des justifications fournies, car comme le dit M. Fasolis (3), des raisons de convenance, d'opportunité et aussi de justice imposent en matière d'impôt d'atténuer quelque peu la stricte considération de toutes les dépenses faites par le contribuable.

II. — Emploi des signes extérieurs dans le contrôle des impôts cédulaires

Le besoin du contrôle par les signes extérieurs se fit moins sentir dans nos impôts cédulaires, car l'Administration était mieux outillée pour saisir ces revenus « à l'entrée ».

Le contrôle par les signes extérieurs apparut cependant, à propos de la cédule des professions non commerciales, tel que nous l'avons exposé au paragraphe précédent, car, dans cette cédule, le contrôle direct était rendu très difficile par l'absence

---

(1) Ces justifications seront étudiées *infra*, p. 102, à propos de la demande de justifications.

(2) *J. O.*, Déb. parl. Ch., 1923, séance du 6 mars, p. 1019 et 1020.

(3) Article cité *supra*, note 3, p. 44.

de comptabilités obligatoires; mais il fut supprimé, sans avoir été mis en pratique, par la loi du 4 avril 1926 (1) qui lui substitua le procédé suivant (2) :

Le contrôleur peut désormais demander des justifications, sans avoir à réunir des éléments précis, lorsque les dépenses professionnelles lui paraissent exagérées par rapport au bénéfice net. Si l'accord ne s'établit pas, le différend entre contrôleur et contribuable doit être soumis à l'avis d'une commission consultative dont l'avis a pour effet de décider à qui incombera la charge de la preuve au cas de recours contentieux.

Les signes extérieurs servirent également à contrôler la déclaration des petits contribuables (3) en matière d'impôt sur les bénéfices industriels et commerciaux. Lorsque leur bénéfice est inférieur à 50.000 francs, les assujettis sont dispensés de fournir des justifications à l'appui de leur déclaration, le contrôleur doit s'en tenir aux seuls éléments de vérification qu'il a pu recueillir extérieurement et il s'efforcera de dégager de ces renseignements une estimation aussi exacte que possible des bénéfices réalisés. Si le contribuable estime qu'il est surtaxé, l'évaluation administrative peut également être soumise à une commission de contribuables dont l'avis a pour effet de décider de la charge de la preuve au cas de réclamation contentieuse (4).

L'avenir nous renseignera sur le rendement de ce contrôle par les signes extérieurs, car ces récentes dispositions sont soumises à l'épreuve de la pratique depuis trop peu de temps pour que l'on puisse en apprécier la valeur.

____

(1) Voir *supra*, note 2, p. 48.
(2) Circ. 25 sept. 1926, n° 1472.
(3) Circ. n° 1472. L. 4 avril 1926, art. 6.
(4) *Infra*, p. 115.

IIIᵉ Section. — LE DROIT DE COMMUNICATION

Ces mots « droit de communication » évoquent aussitôt les nombreux textes qui se sont succédé dans notre législation depuis la loi de Frimaire an VII, et qui, sous des noms divers, accordent à *certaines Administrations*, ou à *certains agents*, des droits d'investigation plus ou moins définis vis-à-vis de sociétés, d'autres Administrations ou de certains contribuables.

Il était permis d'espérer que le législateur, dans ses diverses codifications de 1926, mettrait un peu d'ordre dans ces textes, qui chevauchent les uns sur les autres, et dont il est difficile de tirer des solutions précises. Il n'en fut rien, aussi, il nous faudra avoir recours aux interprétations administratives et jurisprudentielles.

Puisque cette étude est consacrée à nos impôts sur le revenu, il est naturel d'envisager le droit de communication du point de vue de l'Administration des Contributions directes seulement. Pour en saisir toute la portée actuelle, il sera nécessaire toutefois de remonter jusqu'à son origine afin de rechercher comment ce droit de communication a fait en quelque sorte « tache d'huile » :

Très restreint au début, il constitue actuellement un moyen de contrôle très efficace, et si autrefois il était une prérogative de l'Administration de l'Enregistrement, actuellement il appartient, dans une certaine mesure, aux agents des Contributions directes. Nous plaçant, donc, au point de vue de l'Administration des Contributions directes, nous classerons les divers droits de communication en deux catégories très différentes à notre avis :

Un premier paragraphe sera consacré à l'étude du *droit de communication exercé par l'Administration des Contributions directes vis-à-vis des autres Administrations, services publics et autorité judiciaire*, droit qui permettra de recueillir soit les renseignements que ces Administrations possèdent, dans leurs documents de service, soit les renseignements qu'elles ont pu obtenir, en exerçant leur propre droit de communication vis-à-vis de certains contribuables.

Notre second paragraphe aura trait au *droit de communication que les agents des Contributions directes peuvent exercer directement chez les contribuables.*

I. — Le droit de communication vis-a-vis des autres Administrations publiques et de l'autorité judiciaire

Le contrôle par les renseignements issus du travail du contrôleur et d'après les signes extérieurs serait souvent insuffisant, même pour un contrôle préliminaire, si un champ d'action plus vaste n'avait été donné à l'Administration des Contributions directes grâce au droit de communication avec les autres Administrations publiques et à l'égard de l'autorité judiciaire.

Cette interpénétration des Administrations publiques retiendra d'abord notre attention.

Nous envisagerons ensuite le droit de communication avec l'autorité judiciaire.

A) Droit de communication entre services publics.

Il semble tout naturel que nos divers services publics collaborent en vue d'une meilleure réalisation de leur but; il nous paraîtrait au contraire anormal que les différentes Administrations de l'État puissent s'opposer entre elles le secret professionnel.

Ne concourent-elles pas, chacune dans leur sphère, à un but commun : la marche satisfaisante des affaires publiques ? Concevrait-on que l'État pût s'opposer à lui-même le secret professionnel?

Néanmoins, il fut un temps où aucune collaboration n'existait effectivement entre nos grandes Administrations; leur interpénétration actuelle est le résultat d'une législation récente, encore susceptible de nombreux perfectionnements.

a) Principe de l'Interpénétration administrative.

L'article 17 de la loi du 15 juillet 1914 avait institué le principe de la collaboration des services publics en vue du contrôle de l'impôt sur le revenu : « Le contrôleur vérifie les déclarations à l'aide des éléments certains dont il dispose, etc..., ainsi que de ceux qui, recueillis par tous les services publics, doivent sans exception lui être communiqués. »

Cette disposition ne figurait plus dans le nouvel et laconique article 17 tel qu'il résultait de la loi du 30 décembre 1916 (1), toutefois, il fallait la sous-entendre puisque, dans sa nouvelle rédaction, cet article étendait les pouvoirs de vérification du contrôleur.

D'autre part, elle avait été introduite dans l'article 55 de la loi du 31 juillet 1917, en ce qui concerne les impôts cédulaires :

« Pour l'établissement des divers impôts portant sur les revenus l'Administration des Contributions directes a le droit d'obtenir de tous les services publics communication des renseignements recueillis par ceux-ci en vertu des lois existantes. »

Ainsi conçu, ce droit de communication était très vaste, mais par là même imprécis, car il ne prévoyait pas expressément les services publics mis en cause et il ne déliait pas certains agents du secret professionnel.

Par suite des difficultés rencontrées par les agents du fisc dans l'exercice de leur droit, le législateur fut amené à plus de précision.

L'Administration des Contributions directes interprétait très largement ce droit de communication dans l'article 210 de l'Instruction du 30 mars 1918 : « Les contrôleurs disposent... des renseignements recueillis par les différentes Administrations publiques pour l'exécution des lois existantes dont le service des Contributions directes a, sans restriction aucune, le droit d'obtenir communication. »

Mais le texte fondamental en cette matière fut l'article 31 de la loi du 31 juillet 1920 (2) :

« En aucun cas les Administrations de l'État, des départements et des communes, ainsi que les entreprises concédées ou contrôlées par l'État, les départements et les communes ne pourront opposer le secret professionnel aux agents de l'Administration des Finances ayant au moins le grade de contrôleur ou d'inspecteur adjoint qui, pour établir les impôts institués par les lois existantes, leur demanderont communication des documents de service qu'elles détiennent. »

Toutes les hésitations quant aux services publics intéressés et

---

(1) Art. cité *supra*, p. 40.
(2) Actuellement D. C., art. 116.

tous les scrupules relatifs au secret professionnel tombèrent devant la netteté de cet article 31.

Toutefois, ce droit de communication était encore insuffisant à l'égard de l'Administration de l'Enregistrement, véritable mine de renseignements pour les agents des Contributions directes (1).

Ainsi que le disait M. Bocquet : « Le système des impôts sur le revenu rentrerait plutôt dans les attributions de l'Administration de l'Enregistrement que dans celles des Contributions directes, la dualité des services n'étant pas de nature à faciliter les recherches. »

Dès 1920, un projet de fusion de ces deux Administrations avait été déposé sur le bureau de la Chambre par M. Klotz, ministre des Finances, qui se basait sur les raisons suivantes (2) :

« A l'origine, disait-il, l'Administration des Contributions directes établissait les impôts d'après les signes extérieurs, tandis que l'Administration de l'Enregistrement percevait des droits sur les actes et les déclarations des parties. Depuis que nos impôts directs sont établis sur une déclaration, le rôle des deux régies a subi un rapprochement.

« On peut dire qu'actuellement l'Administration de l'Enregistrement s'occupé des capitaux tandis que l'Administration des Contributions directes s'occupe des revenus. Elles s'occupent donc ensemble des deux parties de la fortune des contribuables, et il serait logique que l'imposition de cette fortune ne dépendît que d'une seule Administration. »

Dans son rapport du 17 septembre 1926 (3), M. Poincaré demandait à nouveau la fusion complète de l'Administration des Contributions directes et de l'Enregistrement :

« La fusion, disait-il, ouvrira la possibilité de faire procéder d'un même coup et par les mêmes agents aux vérifications nécessaires à la perception d'impôts qui, en réalité, se complètent les uns et les autres et ont cependant été assis jusqu'à ce jour par des personnels distincts. »

Ce rapport a donné lieu au décret du 17 septembre 1926 qui, dans son article 1, réunit les deux Administrations en une seule

---

(1) I. 30 mars 1918, art. 210.

(2) *J. O.*, Doc. parl. Ch., févr. 1920, p. 30.

(3) *J. O.*, 19 sept. 1926, p. 10406.

sous l'autorité d'un directeur général, unique, qui prend le titre de Directeur général des Contributions directes, de l'Enregistrement, des Domaines et du Timbre.

L'article 2 prévoit que : « Les attributions dévolues par les lois et règlements actuellement en vigueur aux fonctionnaires de l'Administration des Contributions directes d'une part, et à ceux de l'Administration de l'Enregistrement d'autre part, peuvent être exercées indifféremment ou concurremment par les fonctionnaires issus de l'une ou de l'autre de ces Administrations. »

Pratiquement, cette fusion des deux régies a eu des conséquences immédiates, mais elle est surtout appelée à en avoir de plus lointaines.

Désormais, certains receveurs de l'Enregistrement dans les petites villes exerceront également les fonctions de contrôleurs des Contributions directes (1); ils jouiront alors de tous les droits de communication que se partageaient les deux régies.

Dans les grandes villes, le changement a été insignifiant, les deux services conservent chacun leurs attributions et leurs droits, toutefois, la communication des renseignements recueillis se fait plus facilement. Les agents des Contributions directes et de l'Enregistrement peuvent aller rechercher réciproquement, dans l'un et l'autre service, tous les renseignements dont ils peuvent avoir besoin, et cette communication est rendue d'autant plus facile qu'ils dépendent d'un chef unique.

Enfin, une conséquence plus lointaine de cette fusion résultera de la formation nouvelle donnée aux jeunes agents du Trésor, formation qui comporte à la fois l'étude des questions relatives à l'enregistrement et aux contributions directes.

Ils pourront être affectés indifféremment à l'un ou à l'autre de ces services, et, par suite, ils seront plus aptes à user des renseignements que pourra leur fournir le service voisin, puisqu'ils en connaîtront également la technique.

L'avenir nous apprendra les résultats effectifs de cette fusion; toutefois, nous nous demandons avec M. Besson s'il n'aurait pas fallu au préalable refondre les deux législations respectives issues de sources différentes et disparates.

---

(1) Décr. 23 nov. 1926, *J. O.*, 24 nov. 1926.,
Certains jours, les bureaux de l'Enregistrement seront fermés et s'occuperont de l'assiette des contributions directes.

b) *Résultats de cette interpénétration administrative.*

Ce principe de l'interpénétration de nos grandes Administrations financières, une fois établi, il importe de rechercher quels
renseignements l'Administration des Contributions directes leur
demande le plus fréquemment et surtout vers quelles Administrations elle dirige ses recherches.

L'**Administration des Contributions indirectes** fournit au
contrôleur des renseignements sur les bouilleurs de cru, distil-
lateurs et sur les assujettis à la taxe sur le chiffre d'affaires,
renseignements qu'elle a obtenus par l'exercice du droit de communication conféré par la loi du 25 juin 1920 (art. 66-67) pour
assurer le recouvrement de la taxe sur le chiffre d'affaires.

A la **Conservation des Hypothèques,** le contrôleur peut consulter les registres des inscriptions; il a ainsi connaissance des
créances privilégiées et hypothécaires inscrites. D'autre part,
sur le registre des transcriptions il relève les actes translatifs
de propriété et les baux de plus de dix-huit ans.

Les documents de l'**Administration des Postes** sont susceptibles de fournir des renseignements intéressants. Le contrôleur
peut non seulement consulter sur place les différents registres,
mais depuis l'article 11 de la loi du 31 décembre 1921 (1), l'Administration des Postes doit notifier au service des Contributions directes, le 20 de chaque mois, les changements de domicile.

D'après une circulaire du 4 août 1922, la demande de communication peut porter sur tous les documents de service : registres,
carnets, bordereaux, états servant à l'exécution des opérations.

Toutefois, pour tranquilliser le contribuable, il est bien entendu que les objets de correspondance eux-mêmes, lettres,
télégrammes et rouleaux contenant la transmission de correspondance ne devront en aucun cas être communiqués (2).

Le droit de communication est encore exercé utilement
vis-à-vis des **abattoirs publics** (bouchers, marchands), de l'**Admi-**

---

(1) *D. P.*, 1923, IV, 41.

Instr. Enreg. 24 juin 1922, n°3 747, sur les conditions dans lesquelles le droit de communication peut s'exercer.

(2) Instr. 9 juin 1922.

nistration des **Ponts et Chaussées** (marchés passés avec les entrepreneurs), des **Bourses de Commerce** (liste des agents de change), des **Trésoreries générales** et des **Recettes des Finances** (1), etc.

Mais, en définitive, c'est à l'**Administration de l'Enregistrement** que les contrôleurs des Contributions directes trouvent le plus grand nombre de renseignements, et la recherche en est facilitée depuis qu'elle est fusionnée avec l'Administration des Contributions directes.

Nous nous y arrêterons plus longuement et distinguerons deux sources de renseignements :

L'une, constituée par les documents que l'Enregistrement centralise et conserve dans ses registres, autrement dit par les *archives de l'Enregistrement.*

L'autre comprenant tous les renseignements récoltés par les agents de l'Enregistrement *dans l'exercice de leurs droits de communication.*

α) Renseignements issus des archives de l'Enregistrement

L'Administration de l'Enregistrement doit tenir plusieurs registres où sont inscrits les différents actes soumis à la formalité de l'enregistrement.

La consultation de ces registres permet au contrôleur des Contributions directes de faire une ample moisson de renseignements en vue du contrôle de l'impôt général et principalement en ce qui concerne les valeurs mobilières vis-à-vis desquelles les moyens de contrôle lui font défaut (2).

Le *répertoire général des renvois* facilite les recherches, car il se compose de volumes contenant chacun une série numérotée de comptes; un compte actif et passif y est ouvert au nom de chaque contribuable domicilié dans le ressort du bureau ou y possédant des immeubles.

---

(1) Voir : *Notice sur les recherches à effectuer dans les documents détenus par les Administrations publiques* (Annexe à la circ. 1364) et *Opuscule du 3 novembre 1894 sur les recherches pour l'établissement de la patente.*

(2) *Ibid.*

Le *registre des déclarations de mutation par décès* est particulièrement intéressant, car il contient l'analyse de toutes les
déclarations de succession comportant des droits (1). Or,
d'après les déclarations de succession, le contrôleur peut vérifier
les déclarations à l'impôt général des cinq dernières années.

D'autre part, le *registre des actes civils publics et des actes
sous seings privés* permet de prendre connaissance des contrats
de mariage, partages, inventaires, cessions de fonds de commerce,
en un mot de toutes les conventions passées entre particuliers,
soit par actes sous seings privés, soit par actes notariés, renseignements qui indiqueront une dépense, une recette ou le passage
d'un capital d'un patrimoine dans un autre.

Enfin, le *registre des actes judiciaires et extra-judiciaires* peut
être d'une consultation utile, si le litige porte directement sur
un élément de revenu. Il donnera aussi des éléments d'appréciation sur la moralité du contribuable (2); quant aux actes
extra-judiciaires (assignation, sommation), ils mettront le
contrôleur sur la trace de fraudes dont il recherchera ultérieurement les preuves.

Mentionnons aussi, parmi les éléments intéressants le contrôle
de nos impôts sur le revenu, certaines déclarations qui doivent
être faites à l'Administration de l'Enregistrement.

Ainsi, les *sociétés civiles* sont tenues de faire une déclaration
d'existence, déclaration qui doit faire connaître le nom des
associés, leurs apports, les droits de chaque associé, etc... (3).

Les *banquiers* ou sociétés dépositaires de titres, sommes et
valeurs dépendant d'une succession, doivent adresser à l'Administration la liste de ces objets (4).

Les *bailleurs de coffres-forts* sont obligés d'en faire la déclaration au bureau de l'Enregistrement; en cas de décès, le coffre ne
peut être ouvert qu'en présence d'un notaire et d'un agent du
Trésor (5).

---

(1) D'après la loi du 29 avril 1926, art. 12, les déclarations de mutation par décès doivent être établies en double exemplaire lorsque l'actif successoral atteint 100.000 francs,
et l'un des exemplaires doit être transmis à l'Administration des Contributions directes.

(2) IMBRECQ, *op. cit.*, p. 136.

(3) L. 13 juill. 1925, art. 62-65; Circ. 29 août 1925, n° 1448.

(4) L. 25 févr. 1901, art. 15.

(5) L. 18 avril 1918, art. 4.

β) Le droit de communication
de l'Administration de l'Enregistrement

Depuis la fusion de nos deux Régies des Contributions directes et de l'Enregistrement, la législation relative au droit de communication devrait être unique.

Or cette réforme très souhaitable n'existe qu'à l'état de projet; ainsi que nous l'avons vu, seuls quelques agents subalternes cumulent les deux fonctions et, par suite, jouissent de tous les droits de communication conférés aux deux anciennes Régies; quant aux autres agents, ils conservent chacun leurs attributions séparées.

Aussi nous traiterons encore séparément le droit de communication des agents de l'Enregistrement et le droit de communication des agents des Contributions directes; mais, naturellement, les renseignements recueillis dans l'exercice de ces droits peuvent être transmis d'un service à l'autre, sans aucune réserve.

Le droit de communication est le droit, conféré par la loi aux agents des régies financières et spécialement aux agents de l'Enregistrement, de se faire représenter par les commerçants, sociétés ou individus, pour les consulter, les documents permettant le contrôle des déclarations faites pour la perception des différents impôts et taxes ainsi que la recherche des omissions et des fraudes (1).

En vertu de ce droit, l'Administration de l'Enregistrement peut exiger communication de certaines pièces des officiers publics et ministériels, des sociétés et surtout des banques.

Nous allons essayer d'en préciser les contours.

1. *A l'égard des officiers publics et ministériels et des services publics :*

Créé par la loi du 22 frimaire an VII (art. 52 et 54) vis-à-vis des notaires, greffiers, huissiers, préfets, maires, commissaires-priseurs, courtiers assermentés, ce droit de communication s'exerce pour tous les droits dont la perception est confiée à l'Enregistrement.

---

(1) Rosier, *Le droit de communication en matière fiscale. Rec. quest. fisc.*, mai 1925.

Ce droit fut étendu aux registres des départements, communes et établissements publics par le décret du 4 messidor an XIII.

2. *A l'égard des sociétés :*

C'est ici que seront recueillis les renseignements les plus utiles en vue du contrôle de nos impôts sur le revenu.

Les lois du 5 juin 1850 et le décret du 17 juillet 1857 établirent le droit de communication à l'égard des sociétés ayant émis des actions ou obligations, en vue de contrôler l'impôt du timbre, ces sociétés étaient ainsi obligées de produire leurs registres.

De même, les sociétés d'assurances et assureurs furent obligés de tenir et de communiquer un registre de leurs polices.

Ce droit de communication fut étendu à tous les livres, registres, titres, pièces de recette, de dépense et de comptabilité en vue d'assurer le recouvrement des impôts du timbre et de l'enregistrement par les lois du 23 août 1871 et du 21 juin 1875 (1).

La loi du 29 décembre 1884 (art. 9) y assujettit les congrégations, communautés et associations religieuses autorisées ou non autorisées et toutes les sociétés (désignées par les articles 3 et 4 de la loi de finance du 28 décembre 1880) qui s'interdisent la distribution de leurs bénéfices.

En vertu de la loi du 26 avril 1893, la communication put être requise en vue de contrôler la perception de la taxe sur le revenu des valeurs mobilières établie par la loi du 29 juin 1872, question très discutée jusqu'à cette loi.

Dernièrement, la loi du 7 mars 1925 l'étendit aux sociétés à responsabilité limitée, et depuis la loi du 13 juillet 1925 (art. 64), le droit de communication s'applique à toutes les sociétés civiles. En définitive, y échappent seulement les sociétés en nom collectif et en commandite simple, à moins qu'elles n'aient émis des obligations.

---

(1) L. 23 août 1871, art. 22, et L. 21 juin 1875, art. 7.

La jurisprudence a interprété très largement les termes de ces lois.

Ainsi doivent être communiqués : le registre des dépôts de titres (Cass. req. 7 janv. 1878, S., 78, 1, 134), les rapports des commissaires aux assemblées générales (Cass. civ. 29 déc. 1879, S., 80, 1, 226), le registre des délibérations du Conseil d'administration (Cass. civ. 28 mai 1898, S., 98, 1, 465).

Voir : E. BOUVIER, *Le droit de communication d'après la nouvelle législation. Journal des Sociétés* 1924, art. 2982, et ROSIER, *art. précité*, p. 134.

Depuis l'article 32 de la loi du 31 juillet 1920, le droit de communication a été considérablement étendu. Toutes les distinctions antérieures entre les sociétés et personnes assujetties perdent beaucoup de leur intérêt, désormais toutes les sociétés ou tous les commerçants dont le chiffre d'affaires est supérieur à 50.000 francs sont astreints au droit de communication.

En étudiant ce droit qui appartient également aux agents des Contributions directes (1), nous verrons que la jurisprudence avait voulu en restreindre l'emploi au contrôle de la taxe sur le chiffre d'affaires, tandis que l'Administration a toujours admis son emploi en vue du contrôle de tous les impôts basés sur une déclaration, opinion confirmée par la Cour de cassation le 9 mars 1927.

3. *A l'égard des banques :*

Il est nécessaire de consacrer une étude spéciale au droit de communication dans les banques; car c'est là que le fisc pourra saisir le revenu des valeurs mobilières au porteur, vis-à-vis desquelles il est dépourvu de moyens de contrôle.

L'ambition du législateur était d'établir un contrôle rigoureux dans tous les établissements exerçant le commerce de banque; mais cette inquisition dans les établissements de crédit est liée de très près à des questions économiques : un contrôle trop inquisitorial aurait pour conséquences certaines une fuite des capitaux à l'étranger, ou la thésaurisation très préjudiciable aux banques et à l'économie nationale.

Aussi, certaines mesures édictées par le législateur ont dû être abrogées, avant même d'avoir affronté la pratique (2).

Depuis l'article 32 de la loi du 31 juillet 1920, toutes les ban-

---

(1) *Infra,* p. 72.

(2) Le système du *bordereau de coupons,* établi par la loi du 22 mars 1924, obligeait toute personne qui présentait des coupons à l'encaissement à remplir un bordereau mentionnant ses noms et domicile et à justifier de son identité. Ces bordereaux devaient être classés et présentés à toute réquisition des agents du fisc.

Ce texte fut abrogé par l'article 23 de la loi du 13 juillet 1925.

La loi du 4 avril 1926 (art. 24 à 28) avait établi le système du *carnet de coupons.* Tout contribuable serait possesseur d'un carnet délivré par l'Administration des Contributions directes.

Le montant et la date de chaque encaissement de coupons par le porteur du carnet devaient y être inscrits. Les carnets devaient être communiqués à toute réquisition des agents des Finances.

Ce système fut également supprimé par la loi du 3 août 1926, art. 27.

ques, dont le chiffre d'affaires est supérieur à 50.000 francs, sont assujetties au droit de communication. Droit qui, ainsi que nous le verrons (1), appartient également aux agents des Contributions directes.

Cette loi avait déjà beaucoup étendu le droit de communication à l'égard des banques, puisque, auparavant, les agents de l'Enregistrement ne pouvaient vérifier que l'impôt portant sur les opérations de bourse (2) et l'impôt sur le chiffre d'affaires. Il n'en était autrement que lorsque la banque était une société ayant émis des actions et obligations, dans ce cas les agents de l'Enregistrement pouvaient utiliser tous les documents de comptabilité en vertu des lois des 23 août 1871 et 21 juin 1875 en vue de contrôler les impôts du timbre et de l'enregistrement.

Même, depuis la loi du 31 juillet 1920 (art. 32), et malgré l'interprétation extensive qu'en donnait l'Administration, en l'employant pour le contrôle des impôts basés sur une déclaration, il semblait que le droit de communication devait seulement porter sur le contrôle des impôts dus par la banque, sans que l'on puisse en user pour contrôler les impôts des tiers (3).

Le législateur a tranché la question par l'article 32 de la loi du 4 avril 1926 :

« Les pouvoirs appartenant aux agents de l'Enregistrement, par application de la législation en vigueur à l'égard des sociétés par actions, peuvent être exercés à l'égard de toutes personnes ou de tous établissements exerçant le commerce de banque en vue du paiement des impôts dus tant par ces derniers que par des tiers. »

Désormais, le droit de communication peut être exercé par les agents de l'Enregistrement vis-à-vis de tous les établissements de banque sans avoir à tenir compte de l'importance du chiffre d'affaires. D'autre part, les infractions relevées à la charge des

---

(1) *Infra*, p. 69.

(2) D'après la loi du 28 avril 1893 (art. 30), quiconque faisait commerce de recueillir des offres et demandes de valeurs de bourse était astreint à tenir un registre sujet à communication, ainsi que les sociétés ou personnes qui payaient des coupons de valeurs étrangères non abonnées (L. 29 mars 1914, art. 36).

La loi du 22 mars 1924 (art. 64) avait soumis au droit de communication de la loi du 23 août 1871 toutes personnes autorisées à payer des coupons ; elle fut abrogée par la loi du 13 juillet 1925, art. 23.

(3) *Bull. Dup.*, 1926, p. 203.

clients de cette banque pourront être constatées; et alors qu'auparavant le droit de communication se limitait aux impôts du timbre et de l'enregistrement, il pourra maintenant servir au contrôle de tous les impôts, notamment des impôts sur le revenu, puisque l'article 32 de la loi du 4 août 1926 a fait disparaître sa spécialité (1).

Après avoir étudié l'étendue de ce droit de communication de l'Administration de l'Enregistrement, il nous faut préciser sa portée : il est de toute évidence que les agents de l'Enregistrement peuvent utiliser tous les renseignements recueillis en vue du contrôle des impôts perçus par l'Administration de l'Enregistrement, mais peuvent-ils relever et communiquer à l'Administration des Contributions directes des indications relatives aux impôts sur le revenu?

Les articles 31 de la loi du 31 juillet 1920 et 55 de la loi du 31 juillet 1917 (2) étaient conçus en termes très significatifs, et il semblait que la question ne dût pas être mise en doute, aussi MM. Bocquet et Sauvage reconnaissaient-ils ce droit aux agents de l'Enregistrement (3).

Par contre, MM. Allix et Lecerclé (4) considéraient que ces agents commettraient « une sorte de détournement de pouvoir en sortant des limites régulières de leur droit d'investigation ».

C'était également l'opinion de M. de Lasteyrie (5), ministre des Finances, et, en fait, cette opinion avait triomphé, car les agents des Contributions directes ne s'étaient pas cru autorisés à utiliser les découvertes faites par les agents de l'Enregistrement dans l'exercice de leur droit de communication (6).

Mais depuis, la fusion des deux Régies indique clairement l'opinion du législateur et son désir de les voir collaborer pleinement au contrôle de nos impôts; le doute n'est donc plus permis. Les renseignements recueillis par les agents de l'Enregistrement

---

(1) Instr. gén. 6 avril 1926, n° 3894, et 5 mai 1926, n° 3901. *Journ. de l'Enreg.*, 1926, n° 32739.

(2) Art. cité *supra*, p. 55.

(3) SAUVAGE, *op. cit.*, n°s 61 et suiv.; BOCQUET, *op. cit.*, p. 830.

(4) ALLIX et LECERCLÉ, *op. cit.*, p. 315, t. I.

(5) *J. O.*, 24 févr. 1923, Déb. parl. Ch., p. 817.

(6) CHAMPION, *op. cit.*, p. 256.

dans l'exercice de leur droit de communication peuvent être communiqués aux agents des Contributions directes.

Cette opinion a été confirmée par l'article 32 de la loi du 4 avril 1926 et par l'interprétation extensive que la jurisprudence a donnée du droit de communication de l'article 32 de la loi du 31 juillet 1920. Elle a permis, en effet, à tous les agents du Trésor d'un certain grade d'en user pour le contrôle de tous nos impôts basés sur une déclaration (1).

B) Droit de communication avec l'autorité judiciaire.

Le droit de communication entre l'Administration et l'autorité judiciaire est une innovation de nos lois récentes.

Autrefois, la séparation de l'ordre administratif et de l'ordre judiciaire apparaissait comme un axiome. « L'Administration n'avait pas accès dans le prétoire (2). » Si les actes judiciaires étaient soumis à l'enregistrement (3), seule l'Administration de l'Enregistrement en avait connaissance et dans la mesure nécessaire pour l'établissement des perceptions légales.

Cependant, depuis l'article 31 de la loi du 31 juillet 1920, cette séparation a disparu dans une certaine mesure, car l'autorité judiciaire doit communiquer à l'Administration des Finances toute indication qu'elle pourra recueillir au cours de la procédure et de nature à faire présumer une fraude commise en matière fiscale ; mais cela seulement dans le *cas d'information ouverte par ladite autorité judiciaire* (4).

Le secret est donc toujours respecté dans les procès civils ; seuls peuvent être soumis à une certaine inquisition ceux qui ont déjà éveillé l'attention de la justice (5). Il faut remarquer, de plus, que ce texte, en vue de respecter le secret de l'instruction, n'accorde aucun droit d'investigation personnelle aux

---

(1) Cass. Ch. réunies, 9 mars 1927, *D. P.*, 27, 1, 81 et *infra*, p. 75.

(2) Paul CHASSAGNADE-BELMIN, *L'inquisition fiscale dans les procédures judiciaires. Rec. gén. des lois*, 1926, p. 189.

(3) L. 22 frimaire an VII.

(4) En contre-partie, la loi du 13 juillet 1925, art. 145, délie les agents de l'Administration des Finances du secret professionnel, mais seulement à l'égard du juge d'instruction et quand il s'agit d'une plainte portée par l'Administration elle-même contre un contribuable.

(5) Rapp. Dumont, 28 avril 1920. *J. O.*, p. 1368.

agents des Finances, le fisc ne peut rechercher lui-même les fraudes, c'est à l'autorité judiciaire de lui communiquer ce qu'elle juge digne d'intérêt.

Mais un droit de communication aussi étroitement limité rendait peu de services, aussi le principe une fois admis, il était nécessaire d'en augmenter la portée.

Ce fut le rôle de la loi du 4 avril 1926 (1) ; toutes les juridictions sont désormais astreintes à fournir cette collaboration et la transmission de renseignements par l'autorité judiciaire doit se faire à l'occasion de n'importe quel litige, qu'il s'agisse d'une instance civile ou commerciale, ou d'une information criminelle ou correctionnelle, même terminée par un non-lieu.

Le législateur est parti de l'idée qu'il était injuste qu'un contribuable, qui se fait pauvre devant le fisc pour échapper aux impôts, puisse se faire attribuer en justice des droits basés sur ses véritables ressources (2), et pour remédier à cet inconvénient, il institua un droit de contrôle en faveur des Administrations fiscales dans toutes les instances judiciaires.

Ce droit, qui permet de découvrir les fraudes fiscales, fonctionne de la manière suivante : d'une part, le ministère public *peut* communiquer les dossiers à l'Administration des Contributions directes et de l'Enregistrement, mais il reste seul juge de l'opportunité de cette communication ; d'autre part, l'autorité judiciaire *doit* communiquer à l'Administration des Finances toute indication de nature à faire présumer une fraude ; ce n'est pas une simple faculté, mais un devoir. Et puisque c'est à l'autorité judiciaire qu'incombe cette obligation, la communication doit être faite par toutes les juridictions même lorsqu'elles ne comportent pas de ministère public (tribunaux de commerce, justices de paix).

De plus, cette loi a permis à l'Administration d'effectuer des recherches dans les dossiers et pour ce motif elle a prévu le

---

(1) L. 4 avril 1926, art. 6. D. C., art. 117 et 118.

(2) Rapp. de M. Lamoureux à la Chambre (annexe au procès-verbal de la séance de la Chambre, 21 janv. 1926, n° 2158, p. 18).

A ce propos, citons une disposition analogue en matière d'expropriation pour cause d'utilité publique. L. 27 mai 1918, art. 6 : « Le jury doit prendre pour base de l'indemnité d'expropriation, la valeur résultant des déclarations faites par les contribuables ou des évaluations administratives non contestées ou devenues définitives en vertu des lois fiscales.

dépôt des pièces du dossier au greffe de la juridiction qui a statué. Ce dépôt doit être fait à propos de toute décision rendue par les juridictions civile, administrative, consulaire, prud'homale et militaire; il dure quinze jours (1) et comprend toutes les pièces qui ont été soumises au juge (2), non seulement pièces de procédure : conclusion des parties, procès-verbaux d'enquête, rapports d'expertise, mais encore tous les documents, actes authentiques ou sous seing privé, livres de comptabilité, actes extra-judiciaires, lettres, etc.

Enfin, cette loi de 1926 a mis fin à une manœuvre bien connue qui consistait à terminer un différend sans jugement, au moyen d'une transaction, et cela dans le but d'éviter tous les droits d'enregistrement. Pour y remédier, la Chambre des Députés avait voté un texte d'après lequel toute sentence arbitrale devait être enregistrée; mais le Sénat n'accepta pas l'enregistrement de ces transactions et accords survenus au cours d'une instance; finalement, un procès-verbal constatant la transaction ou la sentence arbitrale doit simplement être déposé au greffe, où l'Administration des Finances pourra le consulter dans un délai de quinze jours. La sentence arbitrale n'est soumise à l'enregistrement qu' « en cas d'ordonnance, d'exequatur ou d'usage en justice ou par acte public ».

Cette communication de renseignements par l'autorité judiciaire est le complément normal du droit de communication qui existe entre nos divers services publics. Il ne peut toutefois servir à un contrôle méthodique des déclarations, car il permet seulement de relever certaines fraudes dont le fisc ne peut avoir connaissance autrement.

Pratiquement, l'autorité judiciaire ou le ministère public pourra facilement donner communication à l'Administration, des fraudes soupçonnées, tandis que les recherches du fisc dans les dossiers déposés au greffe seront pratiquement irréalisables; en fait les agents du Trésor s'y livreront seulement lorsqu'ils auront, déjà par ailleurs, des indices de fraude.

Donc, grâce au concours de nos principaux services publics

---

(1) Dix jours seulement en matière correctionnelle.
(2) M. Chassagnade-Belmin, *art. cité*, p. 196.

et de l'autorité judiciaire, le contrôle de nos impôts sur le revenu est devenu plus facile quant à la recherche des imposables et quant au contrôle de la déclaration des assujettis. Il nous reste à étudier maintenant le droit de communication dont disposent les agents des Contributions directes vis-à-vis de certains contribuables.

II. — Le droit de communication a l'égard de certains contribuables (L. 31 juillet 1920, art. 32)

Jusqu'alors les contribuables n'avaient pas été mis en cause, les opérations de contrôle s'étaient déroulées au sein de l'Administration des Contributions directes ou en collaboration avec les divers services publics.

Tandis que, en vertu de l'article 32 de la loi du 31 juillet 1920, le contrôleur des Contributions directes peut obtenir directement communication de certaines pièces détenues par les contribuables. Mais il ne s'agit pas cependant d'une véritable collaboration telle qu'elle se présente, à propos d'une demande d'éclaircissements ou de justifications, car le contribuable joue ici un rôle passif. Il peut se borner à produire les pièces demandées.

Ce droit de l'article 32 a marqué une véritable révolution dans l'exercice et l'étendue du droit de communication, qui semblait jusqu'alors une prérogative de l'Administration de l'Enregistrement (1).

Mais les termes très généraux et par suite imprécis de cet article ont suscité de nombreuses controverses quant à ses conditions d'exercice.

Ce texte nous fournit, en effet, un nouvel exemple (2) de l'imprécision voulue du législateur, ce qui permet à l'Administration et au juge de l'interpréter suivant leurs besoins. En voici la teneur :

« Pour permettre le contrôle des déclarations d'impôt et la recherche des omissions et des fraudes qui auraient pu être

---

(1) Par l'article 5 de la loi du 31 juillet 1917, le contrôleur avait déjà le droit de demander « tous renseignements utiles pour l'établissement de l'impôt sur les bénéfices industriels et commerciaux ».

(2) *Supra*, pp. 40 et 49.

commises dans le délai de la prescription (1), tout commerçant faisant un chiffre d'affaires supérieur à 50.000 francs par an est tenu de représenter à toute réquisition des agents du Trésor, ayant au moins le grade de contrôleur ou d'inspecteur adjoint, les livres dont la tenue est prescrite par le titre II du Code de commerce ainsi que tous les livres et documents annexes, pièces de recettes et de dépenses. »

Il nous faut préciser autant que possible les conditions d'exercice de ce droit ainsi que la nature et l'usage des renseignements qu'il permet d'obtenir.

A) Exercice du droit de communication de l'article 32.

Dans l'examen de ce droit de communication, il nous faut étudier les agents que la loi en a investis, les contribuables qu'elle y a assujettis et enfin les impôts dont elle a entendu assurer le contrôle.

Si l'article 32 de la loi du 31 juillet 1920 nous renseigne sur les agents qui peuvent user de ce droit et sur les contribuables qui doivent le subir, il a omis de préciser les impôts à propos desquels il peut être exercé.

Cette question, très discutée, n'est pas encore tranchée d'une façon définitive, bien qu'un arrêt de la Cour de cassation, toutes chambres réunies, ait été rendu récemment en la matière, car le Conseil d'État, souverain juge de nos impôts sur le revenu, ne s'est pas encore prononcé.

a) Agents investis du droit de communication

L'article 32 prévoit que seront investis du droit de communication « tous les agents du Trésor ayant au moins le grade de contrôleur ou d'inspecteur adjoint ».

Le législateur a seulement précisé le grade des agents, il en résulte que tous les agents du Trésor, sans distinction de régie, pourvu qu'ils soient au moins du grade prévu, sont aptes à l'exercer.

Pratiquement, c'est le contrôleur des Contributions directes qui en use le plus fréquemment, ce qui augmente notablement ses

---

(1) Ainsi que nous l'avons vu *supra*, p. 35, ce texte est rétroactif.

pouvoirs, puisque auparavant il ne possédait qu'un droit de communication à l'égard des contribuables assujettis à la cédule des bénéfices industriels et commerciaux (1).

b) CONTRIBUABLES ASSUJETTIS AU DROIT DE COMMUNICATION

Ici le texte est très net, il s'agit de « tout commerçant faisant un chiffre d'affaires supérieur à 50.000 francs par an ».

Il ne faut pas entendre le mot « commerçant » dans le sens restrictif d' « individu », car toutes les sociétés dont le chiffre d'affaires atteint 50.000 francs y sont soumises, ce qui réalise un gros progrès sur la législation antérieure. Précédemment, en effet, seules les sociétés ayant émis des titres devaient subir le droit de communication de l'Enregistrement (2).

Pour favoriser les petits contribuables, la loi du 16 avril 1924 (art. 5) avait porté atteinte à la généralité de l'article 32 et dispensait du droit de communication les commerçants dont le chiffre d'affaires annuel n'excédait pas 200.000 francs ou 40.000 francs suivant qu'ils vendaient des marchandises ou étaient intermédiaires. Cette remarque n'a plus qu'un intérêt historique depuis que la loi du 4 avril 1926 a modifié les bases d'imposition de la cédule des bénéfices industriels et commerciaux.

Maintenant, tous les assujettis à cette cédule sont imposés d'après leur bénéfice réel, cependant ceux dont le bénéfice n'excède pas 50.000 francs ont la faculté de déclarer simplement l'ordre de grandeur de leur bénéfice sans avoir à fournir de justifications.

Peut-on user de l'article 32 en ce qui les concerne?

Il nous semble qu'on doit répondre par la négative, car l'article 12 de la loi du 4 avril 1926 paraît avoir abrogé le droit de communication à leur égard, car, ainsi qu'il ressort des rapports parlementaires, cette nouvelle disposition fût édictée uniquement pour leur éviter le souci de tenir et de fournir une comptabilité (3).

---

(1) L. 31 juill. 1917, art. 5.

(2) Sur la notion fiscale du mot « commerçant », voir C. d'Ét. 5 janv. 1923, *D. P.*, 23, III, 1.

(3) *J. O.*, 7 févr. 1926, Déb. parl. Ch., p. 566. En ce sens ALLIX et LECERCLÉ, *op. cit.* supplément, p. 41.

Il nous faut aborder, maintenant, notre troisième point dont l'étude nous retiendra plus longtemps.

c) IMPÔTS VISÉS PAR CE DROIT DE COMMUNICATION

La question est très controversée, car deux thèses sont en présence : l'une, *restrictive*, voudrait restreindre le droit de communication au seul contrôle de la taxe sur le chiffre d'affaires; l'autre, *extensive*, voit dans ce droit de communication un pouvoir de contrôle vis-à-vis de tous nos impôts basés sur une déclaration.

Ces deux thèses eurent tour à tour les faveurs de l'Administration et de la jurisprudence, qui, finalement, se sont prononcées, toutes deux, en faveur de la thèse extensive.

I. *Doctrine administrative.*

Il ressort nettement des travaux parlementaires que le législateur désirait créer un droit de communication très étendu pour permettre le contrôle de tous nos impôts basés sur une déclaration.

MM. Dumont et Bokanowski s'exprimaient ainsi dans leur rapport à la Chambre des Députés (1) : « Ce droit de communication pourra être exercé pour assurer le recouvrement de tous les impôts quelconques donnant lieu de la part du redevable à une déclaration sujette à contrôle. »

M. Paul Doumer déclarait également au Sénat (2) : « L'article 32 a pour but de mieux assurer le contrôle des déclarations souscrites en vue de l'assiette de l'impôt quelle que soit la nature de la taxe à recouvrer. »

L'intention du législateur ressort donc clairement des travaux préparatoires, toutefois la rédaction définitive de l'article 32 n'est pas aussi explicite; nous y trouvons seulement les termes : « Pour permettre le contrôle des déclarations d'impôt... »

Aussi pourrait-on se demander de quel impôt il est question, si les travaux parlementaires ne nous éclairaient pas sur le sens

____

(1) Rapp. n° 2392 fait à la Chambre par MM. Dumont et Bokanowski, p. 33.
(2) Rapp. fait au Sénat par M. Paul Doumer le 20 juillet 1920.

très général qu'il faut reconnaître au mot « impôt » bien qu'il soit mis au singulier.

En 1921, le ministre des Finances donnait une interprétation extensive au droit de communication de l'article 32, il déclarait, en effet, que ce droit avait été prévu pour le contrôle des impôts perçus sur déclaration du contribuable, mais qu'il s'appliquait à tous ces impôts (1).

Par contre, M. de Lasteyrie, ministre des Finances en 1923, s'exprimait ainsi : « Aux termes de la législation actuelle, disait-il, les agents de l'Enregistrement, comme les autres agents du ministère des Finances, n'ont le droit d'aller dans les établissements de crédit que pour l'application de lois nettement déterminées : droit de timbre, *taxe sur le chiffre d'affaires*, etc..., mais ils ne peuvent y procéder à des vérifications en ce qui concerne l'impôt général sur le revenu. Ce n'est pas moi, respectueux de la loi, qui, sans un texte formel, leur donnerai des instructions contraires (2). »

Cette déclaration du ministre des Finances avait une double portée : Elle restreignait le droit de communication de l'article 32 au seul contrôle de la taxe sur le chiffre d'affaires, et elle en déduisait qu'un droit ainsi délimité ne pouvait permettre d'effectuer des recherches dans les établissements de crédit en vue de contrôler les impôts sur le revenu. Nous envisagerons ailleurs (3) les conséquences de cette seconde restriction; pour l'instant, seule la limitation du droit de communication au contrôle de la taxe sur le chiffre d'affaires nous intéresse.

Il est curieux de constater que la portée de cette déclaration fut sans conséquences, car l'Administration continua à se reconnaître le pouvoir d'user du droit de l'article 32, en vue du contrôle de tous les impôts basés sur une déclaration et nous verrons que cette interprétation extensive a fini par triompher.

2. *Doctrine jurisprudentielle.*

La Cour de cassation s'était d'abord prononcée (4) en faveur de la thèse restrictive et soutenait que l'Administration pouvait

---

(1) R. M., 19 mai 1921. *J. O.*, n° 1373.
(2) *J. O.*, 23 févr. 1923, Déb. parl. Ch., p. 817 et 818.
(3) *Infra*, p. 82.
(4) Cass. crim., 4 avril 1924, *D. H.*, 1924, p. 350.

user du droit de communication seulement lorsqu'elle contrôlait la taxe sur le chiffre d'affaires.

Depuis, un arrêt des Chambres réunies (1) s'est prononcé en sens contraire et admet la thèse extensive.

L'affaire se présenta ainsi :

« Au cours d'une visite régulièrement pratiquée chez une débitante de boissons, les agents de la Régie avaient appris que des livraisons — qui lui avaient été faites par un marchand en gros et pour lesquelles elle n'avait pu représenter les titres de mouvement — étaient inscrites sur des carnets qui avaient été retirés de ses mains par un employé de son fournisseur, les préposés s'étaient alors transportés dans le magasin du marchand en gros qui était absent et avaient procédé à l'inventaire des boissons; après quoi, l'un d'eux — qui avait le grade d'inspecteur — avait invité le comptable à lui communiquer les carnets relatifs aux livraisons de vin faites à la débitante chez laquelle une visite venait d'être opérée en lui déclarant que ces carnets constituaient des écritures de commerce et qu'il était tenu de les lui représenter en vertu de l'article 32 concernant le chiffre d'affaires. »

Le marchand les remit et, constatant des irrégularités, l'agent du fisc infligea des amendes.

La Cour d'appel de Lyon, devant qui l'affaire se présenta, donna gain de cause à l'agent de la Régie par trois arrêts en date du 1er mai 1923. Ces arrêts furent cassés par la Chambre criminelle de la Cour de cassation (2), car, pour obtenir la preuve des contraventions aux lois sur les contributions indirectes qu'il recherchait uniquement, l'inspecteur de la Régie s'était fait représenter des pièces en vertu d'un droit conféré uniquement pour le contrôle de la taxe sur le chiffre d'affaires alors qu'il ne vérifiait pas cette taxe.

La question se ramenait à ceci (3) : L'article 32 concernait-il exclusivement la taxe sur le chiffre d'affaires? Si oui, la Régie ne pouvait invoquer ce texte puisqu'elle n'avait pas pour objectif le recouvrement de cet impôt.

(1) Cass. Ch. réunies, 9 mars 1927, *D. P.*, 27, I, 81.
(2) Cass. crim., 4 avril 1924, *D. H.*, 1924, p. 350.
(3) Note de M. Lépargneur, *D. P.*, 27, I, 81.

Au contraire fallait-il voir dans ledit article 32 un texte indépendant et général dans sa portée? S'il en était ainsi, la Régie pouvait s'en prévaloir pour requérir communication des documents du commerçant en vue de contrôler un autre impôt.

La Chambre criminelle de la Cour de cassation voulait en restreindre la portée au contrôle de la taxe sur le chiffre d'affaires, mais la Cour de Besançon (1) devant qui l'affaire fut renvoyée statua dans le sens de la Cour d'appel de Lyon et refusa de prononcer la nullité des procès-verbaux dressés par l'agent du fisc, pour le motif suivant :

« Attendu en effet que les articles 31 et 32 de la loi du 31 juillet 1920 votés au lendemain de la loi du 25 juin 1920 qui crée de nouvelles ressources fiscales, édictent dans des termes d'une généralité absolue des dispositions ayant pour objet d'assurer efficacement le recouvrement « des impôts institués par les lois existantes... »

Si le texte de l'article 32 ne vise que les personnes exerçant un commerce d'une certaine importance, *il n'en résulte nullement que son application soit restreinte aux recherches opérées pour le recouvrement de la taxe sur le chiffre d'affaires, les termes précis et formels de la disposition concernent nécessairement le contrôle de tous les impôts qui sont établis sur la déclaration du contribuable* (2).

Finalement, le 9 mars 1927, l'arrêt précité de la Cour de cassation, toutes Chambres réunies, est venu confirmer l'opinion de la Cour de Besançon en reconnaissant au droit de communication de l'article 32 cette portée très générale.

L'Administration et la jurisprudence sont donc désormais d'accord pour utiliser ce droit en vue du contrôle de tous les impôts basés sur une déclaration.

A notre avis, la Chambre criminelle était partie d'un faux point de départ lorsqu'elle rendit son arrêt du 4 avril 1924 : Elle voyait dans l'article 32 une disposition en relation étroite avec la taxe sur le chiffre d'affaires établie par l'article 59 de la loi du 25 juin 1920. Or la loi du 31 juillet 1920 qui institua le droit de communication ne concernait pas la taxe sur le chiffre

---

(1) C. A. Besançon, 30 janv. 1925.
(2) *Journ. de l'Enreg.*, 15 mai 1927, p. 132.

d'affaires, sauf dans son article 13 et encore pour une question de réglementation. L'article 32 n'a donc aucun lien avec la loi du 25 juin 1920, au contraire il se rattache à l'article 31 qui concerne le droit de communication entre Administrations et avec l'autorité judiciaire; il en est la suite normale en organisant le droit de communication vis-à-vis des commerçants; ces deux dispositions ne font qu'un tout.

L'article 32 n'est pas non plus le complément des articles 66 et 67 de la loi du 25 juin 1920.

Car l'article 67 qui astreignait les commerçants « à fournir toutes justifications nécessaires » suffisait amplement au contrôle de la taxe sur le chiffre d'affaires. Les droits qu'il conférait aux agents du fisc étant plus étendus que le droit de l'article 32, il est de toute évidence que si ledit article 32 se rapportait à cette taxe, il n'aurait eu aucune raison d'être (1).

Depuis cet arrêt des Chambres réunies, le débat semble clos, cependant l'Administration va encore plus loin que la Cour de cassation et soutient que le droit de communication de l'article 32 s'applique à tous les impôts quelle que soit leur nature sans qu'il y ait lieu de distinguer s'ils reposent ou non sur une déclaration du contribuable (2).

Nous ne croyons pas que le débat puisse renaître sur ce terrain, car l'article 32 débute en ces termes : « Pour permettre le contrôle des *déclarations d'impôt* et la recherche des omissions et des fraudes », ce qui exclut clairement les autres impôts. D'autre part, la Cour de cassation, dans son arrêt du 9 mars 1927, vise uniquement les impôts basés sur une déclaration, opinion qui vient d'être reprise par la Chambre criminelle dans un arrêt récent (3).

Notons cependant qu'en matière d'impôts sur le revenu, le Conseil d'État reste le souverain juge; or, il n'a pas encore eu l'occasion de se prononcer, mais tout fait prévoir qu'il adoptera l'interprétation de la Cour de cassation.

---

(1) En ce sens, M. Lépargneur, note précitée.
Pour plus d'explications, voir *Journ. de l'Enreg.*, 1924, n° 32282.
(2) Voir P. Murolles, *Les droits d'investigation du fisc dans les banques. Revue Banque,* octobre 1927. R. M., *J. O.*, 15 mai 1921, Déb. parl., p. 2292 et R. M., *J. O.*, 16 avril 1926. Pic, *Traité des Sociétés*, t. III, p. 751.
(3) Cass. crim, 25 juin 1927, *Gaz. Pal.*, 1927, p. 777. En ce sens : Trib. civ. Indre-et-Loire, 2 juin 1927, *Rec. quest. fisc.*, juill. 1927, p. 215.

B) Nature et usage des renseignements obtenus.

Après avoir envisagé les agents investis du droit de communication et les contribuables qui y sont assujettis, il nous faut
délimiter la portée de ce droit quant aux documents sujets à
communication et quant à l'usage que le fisc peut en faire.

a) Nature des documents à communiquer.

Le texte même de l'article 32 précise que les livres dont la
tenue est prescrite par le titre II du Code de commerce, ainsi
que tous les livres et documents annexes, pièces de recettes et
de dépenses, doivent être communiqués aux agents du Trésor.

Ces termes sont très généraux et, en fait, ils comprennent
tous les documents dont le fisc peut avoir connaissance; M. Bouvier déclare en effet (1) que tous les titres, pièces et documents
quelconques en la possession des individus, sociétés ou collectivités assujettis, peuvent être sujets à communication. Malgré la suppression du mot « etc. » qui figurait dans le projet
de loi à la suite de l'énumération des documents à communiquer,
la portée du droit de communication n'en reste pas moins très
étendue.

Ainsi, dans les livres prévus par le Code de commerce sont
compris : le livre journal, le livre des inventaires et des bilans,
le copie de lettres et la liasse des lettres; par livres annexes, il
faut entendre : les livres auxiliaires tels que livres d'achats,
de ventes, de caisse, d'effets à recevoir (2), etc...

Aucune instruction ou circulaire ne concerne les documents à
communiquer; pour avoir quelques précisions, nous devrons
avoir recours aux réponses ministérielles ainsi qu'à des arrêts
quelquefois anciens.

Le ministre des Finances a déclaré qu'il fallait communiquer :
un carnet tenu par un marchand de vins même à titre personnel
lorsqu'il mentionne les livraisons de vin (3); les comptes courants

---

(1) Bouvier, *article précité*.
(2) Imbrecq, *Traité de l'impôt sur les bénéfices industriels et commerciaux*, 1927.
(3) Trib. civ. Pau, 2 juin 1923.

de dépôts et de nantissements (1); les rouleaux, totalisateurs des
recettes, contenus dans les caisses enregistreuses (2); les factures,
lorsque le contrôleur peut en prouver l'existence (3); mais si
rien n'autorise à suspecter l'exactitude des prix d'achats portés
sur les livres, on ne peut écarter la comptabilité par le seul fait
qu'elle n'est pas appuyée de factures (4).

La loi n'a pas fixé de formes dans l'usage de ce droit de communication, toutefois l'Administration a recommandé à ses
agents d'agir « avec le tact, la modération et la discrétion qui
s'imposent pour que leurs vérifications apportent le moins de
gêne possible dans les opérations des redevables » (5). D'autre
part, l'agent du fisc n'est pas tenu d'indiquer quelle déclaration
d'impôt il veut contrôler (6).

La communication doit être requise au domicile des contribuables sans que l'Administration puisse exiger le déplacement
d'aucune pièce; elle ne doit pas être l'occasion d'un travail
supplémentaire pour le contribuable qui peut se borner à produire les pièces demandées, ainsi les agents doivent eux-mêmes
prendre copie des pièces s'ils le désirent (7).

Le contribuable est obligé de produire les pièces demandées,
sous peine d'une amende de 1.000 à 10.000 francs en principal (8);
le tribunal peut, d'autre part, en exiger la production sous peine
d'une astreinte de 100 francs par jour de retard; mais avant
d'exiger la production des livres, l'Administration est tenue
d'en prouver l'existence, preuve qui pourra être faite à l'aide
de présomptions tirées du caractère de l'établissement, de son
importance ou de sa forme (9).

Notons que le fait de ne pas tenir une comptabilité prévue
par le Code de commerce ne peut être considéré comme un
refus de la produire, car l'Administration des Finances ne peut

---

(1) R. M., *J. O.*, Déb. parl. Sénat, 1922, n° 5090, p. 760, R. M., *J. O.*, Déb. parl. Ch.,
2 août 1922, n° 14166, p. 2551.
(2) R. M., *J. O.*, 13 juill. 1921, Déb. parl. Ch., n° 9538, p. 3461.
(3) Cass, 16 mai 1899, *D. P.*, 95, I, 399.
(4) R. M., *J. O.*, Déb. parl. Ch., 1924, n° 19630, p. 551.
(5) Instr. 29 août 1926.
(6) R. M., *J. O.*, 29 avril 1923, n° 16329, p. 1756.
(7) Cass. 27 mars 1901, *D. P.*, 1901, I, 494.
(8) L. 31 juill. 1920, art. 32; L. 17 avril 1906, art. 5.
(9) Rosier, *article précité.* Cass., 28 févr. 1898, *D. P.*, 98, 1, 239.

imposer aux contribuables le respect des prescriptions du Code, de commerce; par contre, il faut assimiler à un refus le fait de se borner à mettre toutes ses archives à la disposition de l'agent du fisc pour qu'il puisse effectuer les recherches nécessaires, alors qu'il demandait un document précis (1), de même au refus exprès il faut assimiler le refus implicite tel que la prétention qu'un document a été égaré ou perdu.

b) *Usage des renseignements recueillis dans l'exercice du droit de communication de l'article 32.*

Sans aucun doute, le contrôleur peut user de tous les renseignements qu'il recueille, pour contrôler l'impôt en vue duquel il exerce son droit de communication; mais peut-il en faire usage pour contrôler un autre impôt du même contribuable? ou encore peut-il en user pour contrôler les impôts dus par des tiers? Telles sont les questions que nous allons envisager successivement.

Tout d'abord, lorsque au cours d'une vérification le *contrôleur a recueilli des renseignements utiles concernant une autre taxe,* peut-il en user?

Il nous faut répondre par l'affirmative, car, lorsque le droit de communication n'est pas étroitement spécialisé et lorsque le secret professionnel n'est pas enfreint, rien ne s'oppose à cette utilisation des renseignements recueillis pour le contrôle d'autres taxes du même contribuable (2).

Dans la législation antérieure à 1920, certains droits de communication étaient très spécialisés : ainsi la loi du 28 avril 1893 (art. 29) réservait l'usage des renseignements qu'elle permettait aux agents du fisc de recueillir, à l'objet en vue duquel elle avait institué le contrôle, c'est-à-dire à la perception de l'impôt sur les opérations de bourse (3), en conséquence l'agent du fisc qui voulait en user autrement était incompétent.

De même un préposé de l'Administration qui effectuait des recherches pour l'application des lois relatives à la contribution extraordinaire sur les bénéfices de guerre ne pouvait, dans

---

(1) Cass. req., 4 mai 1885, *D. P.*, 85, 1, 324.
(2) *D. P.*, 25, 1, 41. Note signée G. L.
(3) *D. P.*, 93, IV, 79. Jug. trib. civ. Saint-Étienne, 29 oct. 1906. *Rev. de l'Enreg.*, n° 4250.

l'état de la législation d'alors, dépasser les limites de sa mission et relever des contraventions étrangères à cette taxe. En outre, la Chambre criminelle de la Cour de cassation avait déclaré à ce propos que le fait de relever d'autres contraventions était contraire au secret professionnel (1).

Par contre, lorsque le droit de communication n'était pas spécialement limité et lorsque l'obligation au secret professionnel ne s'y opposait pas, les agents du fisc avaient toute latitude pour contrôler une autre taxe à l'aide des renseignements recueillis. Ainsi, les agents des Contributions indirectes autorisés sous certaines conditions (2) à effectuer des visites domiciliaires, en cas de fraude soupçonnée, pouvaient utiliser les renseignements recueillis au cours de ces visites et de nature à permettre la découverte d'autres infractions (3). En matière de taxe sur le chiffre d'affaires, établie par la loi du 25 juin 1920, ils pouvaient également recueillir des renseignements sur d'autres taxes car les préposés du fisc chargés de l'établissement de la taxe sur le chiffre d'affaires n'étaient pas astreints au secret professionnel (4).

Lorsqu'il s'agit du droit de communication établi par l'article 32 de la loi du 31 juillet 1920, il est certain que les agents du fisc appelés à l'exercer peuvent constater des contraventions étrangères à l'impôt qu'ils contrôlent.

D'une part, nous avons vu qu'il fallait étendre la portée de ce droit de communication à tous les impôts basés sur une déclaration et le ministre des Finances a reconnu qu'en vertu de ce droit les renseignements recueillis, même en matière de bénéfices de guerre, pouvaient être régulièrement communiqués pour l'établissement des impôts sur le revenu.

---

(1) Cass. crim., 11 déc. 1919, *D. P.*, 25, 1, 41 et la note.

(2) L. 28 avril 1816, art. 237.

(3) Cass. crim., 12 avril 1913, *D. P.*, 16, 1, 38; 16 janv. 1914, *D. P.*, 17, 1, 191; 6 août 1921, *D. P.*, 22, 1, 151.

(4) Cass. crim., 18 mai 1923, *D. P.*, 25, 1, 44; 18 janv. 1924, *Gaz. Pal.*, 27 mars 1924. Contre cette opinion il ne faudrait pas tirer argument de l'arrêt de la Chambre criminelle du 4 avril 1924, car si cet arrêt limitait l'exercice du droit de communication de l'article 32 au contrôle de la taxe sur le chiffre d'affaires (opinion infirmée par l'arrêt précité de la Cour de cassation, toutes Chambres réunies du 9 mars 1927), il ne disait pas que l'agent du fisc avait excédé ses pouvoirs en contrôlant un autre impôt avec les documents recueillis à propos du contrôle de la taxe sur le chiffre d'affaires.

D'autre part, les diverses Administrations de l'État ont été déliées entre elles du secret professionnel, et désormais elles peuvent se communiquer tous les renseignements susceptibles de les aider dans leur mission (1).

Rien ne s'oppose donc à ce que les agents du Trésor utilisent les indications puisées lors du contrôle d'un impôt pour relever des infractions relatives à d'autres taxes dues par le même contribuable, pourvu que cette infraction résulte d'une inexactitude dans les *déclarations* que le redevable était tenu de faire à la Régie.

Le problème se complique lorsque l'on recherche si le contrôleur peut user des renseignements recueillis au cours de ses investigations pour contrôler *les impôts de personnes tierces,* c'est-à-dire autres que les contribuables chez lesquels il a effectué ses recherches?

Il est très difficile de formuler une réponse précise, car aucun texte ne résoud la question et l'Administration a donné des avis souvent contradictoires.

Ainsi, jusqu'en 1923, en présence de l'imprécision des dispositions légales relatives à l'exercice du droit de communication (2), l'Administration des Contributions directes se reconnaissait le droit d'exiger communication des comptes de dépôts dans les banques et d'effectuer des recherches pour établir les impôts dus par des clients (3), ainsi que celui d'effectuer des recoupements avec la comptabilité d'un contribuable et celle de ses clients ou fournisseurs (4).

Au sujet du secret professionnel, le ministre des Finances avait fait la déclaration suivante : « Les dispositions légales relatives à l'observation du secret professionnel ne font pas obstacle à ce que pour la vérification des déclarations de certains contribuables les agents des services financiers utilisent les renseignements fournis par la comptabilité d'autres contribuables (5). »

---

(1) L. 31 juill. 1920, art. 31.

(2) R. M., *J. O.,* 16 juin 1922, Déb. parl. Ch., p. 1876.

(3) R. M.,*J. O.,* 2 août 1922, Déb. parl. Ch., p. 2551 ; R.M ., *J. O.,* 27 avril 1921, Déb. parl. Ch., p. 1189; R. M., *J. O.,* 20 avril 1921, Déb. parl. Ch., p. 1782.

(4) Circ. févr. 1922, n° 1373.

(5) R. M., n° 4519. *Rec. quest. fisc.,* 1925, p. 140.

En février 1923, la déclaration précitée de M. de Lasteyrie, ministre des Finances, aurait dû produire un revirement de l'opinion administrative : ne déclarait-il pas, en effet, que le droit de communication de l'article 32 devait être restreint au contrôle de la taxe sur le chiffre d'affaires et que, par suite, on ne pouvait contrôler dans les banques les impôts dus par des clients (1)?

L'Administration, estimant que l'article 32 conférait un droit d'une portée plus étendue, ne s'était pas rangée à cet avis et, au mois d'avril 1923, une réponse ministérielle déclarait que les agents du Trésor compétents avaient le droit de relever des infractions commises en matière d'impôt tant par le commerçant astreint à la communication que par tout autre redevable (2).

En 1926, nouveau changement, une réponse ministérielle décide que « l'article 32 a conféré à tous les agents du Trésor un droit de communication pour assurer d'une façon générale la perception des impôts à *la charge de l'assujetti* (3) ».

En présence de réponses aussi capricieuses, que conclure?

On peut essayer d'expliquer ces contradictions, d'une part, par le désir de l'Administration d'assurer un meilleur contrôle des impôts sur le revenu au moyen de renseignements recueillis chez de tierces personnes et, d'autre part, par la crainte du Gouvernement devant les conséquences économiques fâcheuses qui pourraient résulter d'un tel contrôle, notamment dans les établissement de crédit.

Toutefois, dans l'état actuel de la législation fiscale, nous estimons que si le droit de communication permet de contrôler tous les impôts basés sur une déclaration, il ne permet pas de relever des infractions à la charge d'autres contribuables, notamment dans les banques (4).

En effet, en matière d'enregistrement, où le droit de communication de l'article 32 avait la même portée, il a fallu un texte formel pour autoriser les agents de l'Administration de l'Enregistrement à user des renseignements recueillis dans les établis-

---

(1) *Supra*, p. 73.

(2) R. M., *J. O.*, 29 avril 1923, Déb. parl. Ch., p. 1756.

(3) R. M., *J. O.*, 16 avril 1926, Déb. parl. Ch., p. 1833.

(4) Cf Albert WAHL, *Le contrôle dans les Banques. Revue des Contributions*, mars 1928.

sements de crédit pour le contrôle des impôts dus par leurs clients (1). On en peut déduire *a contrario* que, faute d'un texte analogue, les agents des Contributions directes ne jouissent pas de ce droit. Pourtant, il faut reconnaître que pratiquement, depuis la fusion des deux Régies (Contributions directes et Enregistrement), les agents des Contributions directes auront connaissance des renseignements recueillis sur le compte des clients d'une banque par exemple, car dans les petites villes, certains agents exercent les pouvoirs conférés à ces deux Régies et les autres agents peuvent obtenir communication pleine et entière des renseignements recueillis par leurs collègues de l'Enregistrement.

---

(1) *Supra,* p. 64.

CHAPITRE II

CONTROLE CONTRADICTOIRE PAR COLLABO-RATION AVEC LES CONTRIBUABLES

Nous en arrivons à ce point de la procédure où le contrôle cesse d'être unilatéral de la part du contrôleur pour revêtir la forme d'une collaboration ou, plus souvent, d'une simple discussion avec les contribuables.

Le contrôleur a pu entrer en rapport avec le contribuable par l'exercice de son droit de communication, mais il n'y a pas eu véritable collaboration. Désormais, le déclarant est mis en cause d'une façon effective et il doit fournir des éclaircissements ou des justifications à l'appui de sa déclaration.

Sous le régime de la déclaration facultative, établie par la loi du 15 juillet 1914 (1), le contribuable n'était pas tenu de coopérer au contrôle puisque, faute de déclaration suffisante et raisonnable, le fisc avait à sa disposition un autre procédé d'assiette, celui de l'évaluation administrative. Mais, depuis que l'article 5 de la loi du 30 décembre 1916 a rendu la déclaration obligatoire, les assujettis sont tenus de participer au contrôle; car, l'obligation de déclarer serait vaine, si les contribuables pouvaient se borner à souscrire une déclaration fantaisiste.

Le contrôleur peut donc obtenir des explications au moyen d'une demande d'éclaircissements ou d'une demande de justifications.

Par la demande d'éclaircissements, à laquelle les assujettis sont tenus de répondre d'une façon suffisante sous peine de voir leur déclaration écartée et leur imposition établie par voie de taxation d'office, le législateur a évité les déclarations incompréhensibles ou de fantaisie.

Mais dès lors que les *éclaircissements* fournis n'équivalent pas à *un refus de répondre*, le contrôleur est tenu d'accepter la décla-

____

(1) *Supra*, p. 7.

ration, ou, s'il veut la rectifier, il doit se trouver en mesure d'en prouver l'inexactitude.

Les difficultés de fournir cette preuve ont amené le législateur à supprimer ,dans quelques cas, la présomption d'exactitude qu'il avait attachée à la déclaration et à permettre au contrôleur d'exiger des *justifications*. La situation est alors retournée : faute pour le contribuable de *prouver* l'exactitude de sa déclaration, le contrôleur peut l'écarter et taxer sur des bases plus élevées, sans que la charge de la preuve lui incombe au cas de recours contentieux.

Il nous faut donc distinguer et traiter séparément ces deux manifestations du pouvoir de contrôle car il y a antinomie entre ces deux termes; puisque : demander des éclaircissements, c'est réclamer une simple affirmation; tandis que, demander des justifications, c'est exiger une véritable preuve.

Iʳᵉ Section. — LA DEMANDE D'ÉCLAIRCISSEMENTS

La demande d'éclaircissements doit être envisagée quant aux impôts à l'égard desquels elle peut être exercée, quant à la nature des éclaircissements à fournir et quant aux conséquences qu'entraîne un refus de répondre ou une réponse insuffisante.

I. — CONDITIONS D'EXERCICE

1º *Champ d'application*. — Le droit de demander des éclaircissements découle de l'article 17 de la loi du 15 juillet 1914 (1) ainsi conçu : « Le contrôleur vérifie les déclarations, il peut demander des éclaircissements. » Or, cette loi concerne seulement l'impôt général sur le revenu et aucun texte ne prévoit la demande d'éclaircissements dans nos impôts cédulaires.

Dans ces conditions, le contrôleur est-il fondé à demander des éclaircissements lorsqu'il vérifie nos impôts cédulaires?

Il semble qu'il faut répondre par l'affirmative car, sauf les

---

(1) Modifiée par L. 30 déc. 1916, art. 5. — D C. art. 91

réserves que nous avons faites (1), la déclaration relative à l'impôt général comprend l'ensemble de nos revenus cédulaires : il paraît normal, dès lors, d'étendre ce pouvoir de contrôle aux impôts cédulaires qui reposent sur une déclaration. D'autre part, la loi a permis au contrôleur d'exiger des justifications lorsqu'il contrôle certains revenus cédulaires; n'est-il pas normal, à plus forte raison, qu'il puisse, alors, exiger de simples éclaircissements.

Nous estimons donc que le contrôleur peut demander des éclaircissements à propos d'une déclaration relative à un impôt cédulaire. Toutefois, la taxation d'office qui résulte du refus de les fournir, ne pourra être appliquée, car, cette taxation d'office constitue une sanction et toute sanction doit être établie par un texte (2).

2° *Objet de la demande d'éclaircissements.* — Le législateur a simplement établi le droit de demander des éclaircissements, sans prévoir quand le contrôleur pourrait en user. Dès lors, on aurait pu en conclure, soit qu'il fallait attendre confirmation plus détaillée de cette disposition, soit au contraire que sa portée était très générale.

Le ministre des Finances s'est rallié à l'interprétation extensive et il nous en a donné la raison : « Il est impossible, dit-il, d'indiquer à l'avance sur quels points et dans quelles limites pourront être formulées ces demandes d'éclaircissements, ce sont des questions d'espèces, qui seront en cas de désaccord, tranchées par la juridiction contentieuse (3). »

Toutefois, l'Administration a jugé bon de donner quelques directives à ses agents sur les cas d'emploi les plus fréquents (4).

Ainsi, les demandes d'éclaircissements devront porter : soit sur les discordances relevées entre les énonciations des diverses parties de la déclaration, ou sur celles relevées entre la déclaration actuelle et les déclarations antérieures; soit sur les discordances que le contrôleur relèvera entre la déclaration et les renseigne-

---

(1) *Supra,* p. 20.

(2) Remarquons qu'à proprement parler ce n'est pas une véritable sanction. Cf. *infra,* p. 106.

(3) R. M. n° 1455 *J. O.,* Déb. parl., Sénat 14 mai 1917. — R. M. n° 8000, *J. O.,* Déb. parl. Ch. 10 mars 1921.

(4) I. 1918, art. 189.

— 87 —

ments qu'il a recueillis dans ses dossiers; soit enfin sur les discordances résultant de l'insuffisance apparente du revenu
déclaré eu égard aux conditions d'existence du contribuable et
aux autres signes extérieurs (1).

Il résulte, d'une part, du laconisme de la loi et, d'autre part,
des directives administratives, que la demande d'éclaircissements
peut être exercée à propos de toute obscurité d'une déclaration
même à propos de revenus non déclarés; car, si l'usage de la
demande de justifications a été prévu dans des cas très précis,
il n'en est pas de même de la demande d'éclaircissements, qui
peut porter sur « tous autres points » de la déclaration (2).

Notons enfin qu'elle peut être exercée vis-à-vis des assujettis
qui ont fait une déclaration négative indiquant par là qu'ils
n'étaient pas imposables (3).

II. — Nature des éclaircissements

Ici encore, les textes législatifs ne peuvent nous renseigner,
nous devons nous reporter aux travaux parlementaires et aux
instructions ministérielles, pour trouver quelques indications.

Cette question de la nature des éclaircissements a donné lieu,
au Sénat (4), à une discussion que nous tenons à reproduire, car
elle est fort suggestive :

M. le Ministre : « Un éclaircissement, c'est pourtant clair. »

M. Touron : « Alors, éclaircissez l'éclaircissement. »

M. Perchot : « Éclaircissement ne veut pas dire justification. »

M. le Ministre : « Vous n'avez pas trouvé de meilleure formule et vous n'en trouverez pas. »

Il semble qu'à la Chambre (5) on n'ait pas distingué aussi
clairement éclaircissements et justifications, car M. Péret, rapporteur, s'exprimait ainsi :

« Du moment où le texte nouveau autorise le contrôleur à
demander aux contribuables des éclaircissements, celui-ci pourra

(1) *Supra,* p. 47
(2) I. 1918, art. 188.
(3) Déc. 30 déc. 1926, art. 5.
(4) *J. O.,* 31 déc. 1916. Déb. parl., Sénat, p. 113.
(5) *J. O.,* 19 déc. 1916. Déb. parl. Ch., p. 3719.

demander aux intéressés des justifications à l'appui des affirma
tions qu'ils apporteront... En cas de refus... Ils s'exposeront à
être taxés d'office. »

Cette manière de voir n'a pas été adoptée par le Sénat, ainsi
que nous l'avons vu ; depuis, l'Administration et la jurisprudence
ont toujours distingué les éclaircissements des justifications.

Ainsi, d'après l'Administration, les éclaircissements doivent
seulement comporter des indications complémentaires relatives
à certains points de la déclaration, sans que le contrôleur puisse
exiger une preuve complète (1).

Il ne faut pas cependant que ces affirmations soient inintelli-
gibles (2) car la demande d'éclaircissements n'aurait plus de
raison d'être ; aussi, lorsque la réponse du contribuable est purement et simplement un refus déguisé de répondre, le contrôleur
peut l'assimiler au refus proprement dit.

Toutefois, si par suite de ses pouvoirs discrétionnaires, le
contrôleur peut décider si les éclaircissements sont dénués de
valeur, il ne faut pas oublier que c'est au juge de l'impôt qu'il
appartient de se prononcer en dernier ressort sur la décision du
contrôleur.

Or, ainsi que le prouve encore un récent arrêt du Conseil
d'État, le juge apprécie non seulement le *droit* mais encore *les
faits* (3). Après avoir reconnu qu'en droit le contrôleur était
fondé à demander des éclaircissements, il a déclaré qu'en fait,
les éclaircissements fournis ne pouvaient être assimilés à un
refus de répondre et que l'appréciation du contrôleur était
erronée (4).

III. — Conséquences de la demande d'éclaircissements

Dans la discussion qui s'est engagée sur une demande d'é-
claircissements, la déclaration doit être tenue pour exacte, et
le contribuable peut se borner à fournir de simples affirmations.

------

(1) R. M. n° 1455. *J. O.*, Déb. parl., Sénat, 14 mai 1917.
(2) Déc. 30 déc. 1926, art. 7. (autrefois Déc. 17 janv. 1917, art. 9). et Rapp.
PERCHOT. Sénat 1917. *J. O.*, janv. 1917, p. 656.
(3) *Supra*, p. 27.
(4) C. E. 8 juill. 1927. S. 1927, III, 151. — C. E. 30 juill. 1924. Leb., p. 748,
3ᵉ esp.

Quelles seront donc les conséquences d'une demande d'éclaircissements?

Il faut distinguer suivant que le contribuable a répondu d'une manière satisfaisante et suivant qu'il a refusé de répondre ou a fourni des éclaircissements équivalents à un refus.

Lorsqu'une réponse satisfaisante a été faite à cette demande d'éclaircissements, le contrôleur et le contribuable peuvent être d'accord, l'imposition est alors établie sur la base de la déclaration. Si le contrôleur n'est pas convaincu de la sincérité du déclarant, il peut, ainsi que nous le verrons, user de son droit de rectification et établir l'impôt sur les bases qu'il estime les plus justes; mais il doit, alors, être en mesure de faire la preuve du bien fondé de son rehaussement devant le juge, au cas de réclamation de la part du contribuable (1).

Par contre, lorsque le contribuable a refusé de répondre ou lorsqu'il a fourni une réponse qui est purement et simplement un refus déguisé, le contrôleur est en droit de le taxer d'office, et si le contribuable estime qu'il est imposé à tort, il doit en apporter la preuve au juge.

Cette fâcheuse conséquence est cependant normale car, par son refus plus ou moins déguisé de collaborer au contrôle, le contribuable a commis une faute, dont le renversement de la preuve est la sanction (2).

IV. — FORMES DE LA DEMANDE D'ÉCLAIRCISSEMENTS.

Cette demande d'éclaircissements peut se présenter sous une forme verbale ou écrite (3) :

Le contrôleur use, de préférence, de la demande verbale lorsqu'il espère obtenir de plus amples renseignements, notamment lorsque les éclaircissements portent sur un grand nombre de points ou sur des questions embrouillées (4). En fait, un contrôleur quelque peu psychologue, préfère l'entretien verbal car il est susceptible de lui fournir des indications précieuses sur le caractère du déclarant et sur la sincérité de sa déclaration.

---

(1) L. 15 juill. 1914, art. 17. D. C., art. 91.
(2) L. 15 juill. 1914, art. 19. D. C., art. 94.
(3) Déc. 30 déc. 1926, art. 7.
(4) I. 1918, art. 190.

Par contre, une demande écrite est nécessaire lorsque les éclair-cissements portent sur des points très précis.

L'Administration peut user indifféremment de l'un ou de l'autre procédé, sauf lorsque le contribuable a refusé de répondre à une demande verbale d'éclaircissements ou lorsque la réponse faite équivaut à un refus. Dans ce cas, le contrôleur doit renou-veler sa demande par écrit, préciser les points à éclaircir et assigner au contribuable un délai de quinze jours pour fournir sa réponse. Faute d'une demande écrite, le contrôleur ne pour-rait user du droit de taxer d'office (1).

IIe Section. — LA DEMANDE DE JUSTIFICATIONS

Dans les différentes hypothèses qui viennent d'être étudiées, la déclaration du contribuable était présumée exacte et lorsque le contribuable avait rempli toutes ses obligations, c'était au contrôleur qu'il appartenait d'en démontrer l'inexactitude.

Nous allons envisager, désormais, certaines hypothèses où, sur la demande du contrôleur, le contribuable doit *prouver* la véracité de sa déclaration. C'est le second aspect de la vérifica-tion contradictoire, où il ne suffira plus de répondre par une sim-ple affirmation, mais où il faudra apporter une preuve complète.

Les conditions d'exercice, la nature et les conséquences de cette demande de justifications, nous retiendront successive-ment.

I. — CONDITIONS D'EXERCICE

Il est intéressant de rechercher quels motifs ont guidé le législateur lorsque, dans certaines hypothèses, il a prévu le droit de demander des justifications. Car, pourquoi avoir astreint certains contribuables à une collaboration plus rigoureuse? Le principe de l'égalité fiscale ne se trouve-t-il pas atteint par ce fait? Il importe donc de préciser comment, et à propos de quels impôts, le droit de demander des justifications s'intro-duisit dans notre régime fiscal.

---

(1) C. E. 11 mai 1923. Leb. p. 395, 3e esp.

Ce droit existait dès 1914 à propos des diverses déductions que le contribuable pouvait invoquer en diminution de son revenu global (1). Le contrôleur se trouvait dépourvu de moyens de contrôle vis-à-vis de ces déductions, il fallait donc astreindre le déclarant à fournir des preuves à l'appui de ses dires.

La loi du 31 juillet 1917 étendit ce droit :

Ainsi, dans la cédule des bénéfices agricoles, où le forfait sert encore de procédé d'assiette, le législateur établit, à titre de faveur pour le contribuable, le droit de déclarer son revenu réel lorsqu'il serait inférieur au forfait, mais le déclarant doit prouver l'exactitude de son bénéfice au moyen de justifications (2).

De même, dans la cédule des bénéfices industriels et commerciaux, sous le régime de la loi de 1917, certains assujettis pouvaient choisir entre l'imposition d'après un forfait ou d'après leur bénéfice réel, mais s'ils déclaraient leur bénéfice réel, ils devaient fournir des justifications à l'appui.

Le droit d'exiger des justifications apparut également comme procédé de contrôle à l'égard de la déclaration proprement dite (3), car, souvent, l'Administration, dépourvue de moyens de contrôle, ne pouvait déceler les fraudes. Pour y remédier, le législateur supprima la présomption d'exactitude attachée à la déclaration en astreignant le déclarant à justifier ses affirmations, mais seulement dans quelques hypothèses.

Le contrôleur accepte alors la déclaration lorsqu'elle est suffisamment claire et précise; au contraire, il demande des justifications à l'appui, lorsqu'elle lui paraît sujette à caution.

Nous allons reprendre les divers cas où des justifications doivent être fournies, en distinguant :

Les justifications, contre-partie d'une déduction;
Les justifications, contre-partie d'une faveur;
Les justifications, renforcement du contrôle.

------

(1) L. 15 juill. 1914, art. 10, 12, 15, 17. — D. C., art. 76, 81, 84, 91
(2) L. 31 juill. 1917, art. 17. — D. C., art. 39.
(3) L. 31 juill. 1917, art. 4 et 9; L. 13 juill. 1925, art. 9 et 16.

1° La demande de justifications, contre-partie d'une déduction

Dans sa déclaration, le contribuable peut demander à déduire de son revenu global certaines charges.

L'article 12 de la loi du 15 juillet 1914 prévoit, en effet, que l'on peut déduire :

1° Les intérêts des emprunts et dettes à sa charge;

2° Les arrérages de rentes payées à titre obligatoire;

3° Tous impôts directs et taxes assimilées;

4° Les pertes résultant d'un déficit d'exploitation dans une entreprise agricole, commerciale ou industrielle.

D'autre part, la situation de famille donne droit à certaines déductions (1), ainsi le contribuable marié a droit à une déduction de 3.000 francs tant que son conjoint est en vie; en outre, il peut déduire 2.000 francs par personne à sa charge (déduction portée à 3.000 francs à partir de la cinquième).

Enfin, en raison des charges de famille, le taux de l'impôt est susceptible de certaines réductions.

Toutefois, si le législateur a prévu la possibilité d'effectuer certaines déductions, il a assujetti le contribuable qui désire en profiter, à fournir, *s'il y a lieu*, des justifications utiles à ce sujet (2).

Des réductions, sur le taux de l'impôt ont été également prévues dans nos impôts cédulaires (3), et les déductions pour charge de famille peuvent être faites dans la cédule des traitements et salaires (4). Cependant, aucune de ces lois n'oblige le contribuable à fournir des justifications; il nous semble toutefois, qu'il faut étendre aux impôts cédulaires les règles prévues dans ces cas à propos de l'impôt général; car il serait illogique d'être astreint à fournir des justifications pour obtenir ces déductions de l'impôt général et d'en être exempté pour obtenir les mêmes déductions et réductions à propos d'un impôt cédulaire (5).

---

(1) L. 15 juill. 1914, art. 12 et 15 . — D. C., art. 81 et 84.

(2) L. 15 juill. 1914, art. 17. — D. C., art. 91.

(3) L. 31 juill. 1917, art. 52. — D. C., art. 67.

(4) L. 30 mars 1923, art. 6. — D. C., art. 47.

(5) La généralité des termes employés par l'Administration dans l'Instruction du 30 mars 1918, confirme cette opinion.

Il est un autre cas où le contrôleur est fondé à demander des justifications à propos des déductions invoquées : il s'agit des frais professionnels des assujettis à la cédule des traitements et salaires; alors que dans les autres cédules le contrôleur vérifie en même temps le bénéfice déclaré et les dépenses professionnelles, ici il ne peut en être de même puisque c'est l'employeur qui déclare le traitement et l'assujetti qui demande déduction de ses frais professionnels.

La loi n'avait pas prévu à qui incombait la charge de la preuve; cependant, l'Administration et la jurisprudence décident que la déclaration de l'employeur fait foi et que c'est à l'employé qu'il appartient de justifier ses dépenses professionnelles et d'établir que ces dépenses sont inhérentes à la fonction (1).

2° LA DEMANDE DE JUSTIFICATIONS, CONTRE-PARTIE
D'UNE FAVEUR

En tant que contre-partie d'une faveur, la demande de justifications se rencontre dans deux cédules : La cédule des bénéfices industriels et commerciaux et la cédule des bénéfices de l'exploitation agricole.

Sous le régime de la loi de 1917, alors que le forfait était la règle dans la cédule des bénéfices industriels et commerciaux, les assujettis, qui le désiraient, avaient la faculté de déclarer leur bénéfice réel, mais, pour faciliter le contrôle, ils devaient fournir leur compte de profits et pertes et l'appuyer, à l'occasion, par des justifications (2).

Le nouveau régime, établi en 1926, a supprimé cette disposition; la demande de justifications contre-partie d'une faveur ne subsiste donc plus que dans la cédule des bénéfices de l'exploitation agricole (3).

Nous savons, en effet, que le procédé du forfait a été maintenu, en raison de l'impossibilité d'un contrôle effectif. Toute-

---

(1) R. M., 23 mai 1922. *J. O.*, Deb. parl. Sénat, 1922, p. 762. — R. M., 14 déc 1922. *J. O.*, Déb. parl. Ch., n° 15865. — C. E. 25 févr. 1924. G. du Pal. 14 mai 1924. — C. E. 31 juill. 1925. Leb., p. 781, 14e esp. — C. E. 12 janv. 1923. — *D. P.* 25, III, 62.

(2) L. 31 juill. 1917, art. 4. *infra*, p. 95.

(3) L. 31 juill. 1917, art. 17. — D. C., art. 39.

fois, si les agriculteurs n'ont pas l'habitude de tenir de comptabilité, il est normal cependant, que, lorsqu'ils désirent être taxés sur leur bénéfice réel, ils soient obligés d'en fournir la preuve.

A ce propos, une difficulté se présente, car, dans leur déclaration relative à l'impôt général (1), les agriculteurs peuvent ou s'en tenir au forfait, ou préciser le bénéfice réel de leur exploitation; or, la loi n'a pas prévu si le contrôleur avait le droit d'exiger des justifications dans ce cas.

Lorsque le contribuable déclare son bénéfice réel pour l'impôt cédulaire et pour l'impôt général, la question ne présente pas de difficultés, car le même contrôleur s'occupe des deux impôts et il use indifféremment de la demande d'éclaircissements ou de justifications.

Mais lorsque le contribuable s'en tient au forfait pour l'impôt cédulaire et déclare son bénéfice réel pour l'impôt général, le contrôleur peut-il lui demander de justifier ce bénéfice réel?

Le juge n'a pas encore eu l'occasion de se prononcer; cependant, d'après l'article 17 de la loi du 31 juillet 1917, on peut prétendre que le forfait établi par l'Administration jouit d'une présomption d'exactitude et que, par suite, il est nécessaire de fournir des justifications à l'appui du bénéfice réel, même en matière d'impôt général (2).

3° LA DEMANDE DE JUSTIFICATIONS, RENFORCEMENT DU CONTROLE

Ainsi que nous l'avons vu, l'Administration était dépourvue de moyens de contrôle efficaces vis-à-vis de certains impôts et il fut nécessaire d'astreindre les déclarants à justifier leurs dires. Ce sont les différentes hypothèses de ce renforcement du contrôle qu'il nous faut maintenant préciser :

a) *L'impôt sur les bénéfices industriels et commerciaux.* — Sous le système de la loi du 31 juillet 1917 (3), les contribuables imposés soit obligatoirement, soit facultativement d'après le mon-

---

(1) Déc. 30 déc. 1926, art. 1.
(2) En ce sens : CHAMPION, *op. cit.*, n° 418.
(3) *Supra,* p. 9.

tant de leur bénéfice réel, étaient obligés de produire leur compte de profits et pertes; ils devaient en outre prendre l'engagement de fournir toutes « justifications nécessaires ».

Les autres assujettis, imposés d'après le montant de leurs bénéfices évalués par application de coefficients variables ou uniques au chiffre d'affaires de l'année précédente devaient également fournir des justifications mais seulement relatives à leur chiffre d'affaires (1).

Depuis la loi du 4 avril 1926, tous sont imposés d'après leurs bénéfices réels, tantôt d'une façon très précise, tantôt d'une façon approximative :

1º Les commerçants dont le bénéfice dépasse 50.000 francs, et les sociétés soumises au droit de communication de l'Enregistrement, doivent, comme précédemment, fournir un résumé de leur compte de profits et pertes ou un état de leurs bénéfices; ils sont tenus, en outre, de représenter à toute réquisition du contrôleur tous documents comptables « *de nature à justifier la sincérité de leur déclaration* » (2).

2º D'autre part, les commerçants dont le bénéfice est inférieur à 50.000 francs sont tenus d'indiquer seulement la catégorie où ils désirent être rangés (3).

Le contrôle à leur égard a donc été amoindri à cause des préoccupations démocratiques de la Chambre qui voulait éviter toutes vexations aux petits contribuables. Alors qu'avant 1926, on pouvait exiger d'eux toutes justifications relatives à leur chiffre d'affaires; désormais, le fisc doit s'en tenir aux signes extérieurs et il examine si les revenus de la catégorie dans laquelle l'intéressé s'est rangé correspondent à l'importance de son commerce ou de son industrie.

b) *L'impôt sur les bénéfices des professions non commerciales.* — Le contrôle de cette cédule a toujours été très délicat : Sous le régime de la loi du 31 juillet 1917 (art. 35), le juge devait apprécier les motifs du contrôleur et du contribuable, car, d'une part, on craignait de violer le secret professionnel en assujettissant les déclarants à produire des justifications; d'autre part, le contrôleur

---

(1) *Infra*, p. 100.
(2) L. 31 juill. 1917, art. 7 modifié par L. 4 avril 1926, art. 9.. — D. C. art. 10
(3) *Supra*, p. 11.

était incapable de prouver l'inexactitude d'une déclaration.

La loi du 13 juillet 1925 (art. 9), en instituant le contrôle par les signes extérieurs, avait astreint les assujettis à fournir des justifications quand le contrôleur aurait réuni des « éléments précis » sur leurs dépenses personnelles; mais ce procédé de contrôle fut supprimé avant d'avoir été mis en pratique (1). Depuis la loi du 4 avril 1926, le contrôleur peut exiger des justifications, sans avoir réuni, au préalable, des éléments précis sur les dépenses du déclarant.

L'article 12 de ladite loi est ainsi conçu : « Le contrôleur peut demander aux intéressés tous les *renseignements susceptibles de justifier l'exactitude* des chiffres déclarés. »

Ces termes signifient clairement que le contrôleur peut exiger en fait toutes les justifications nécessaires.

c) *L'impôt général sur le revenu.* — Ce droit de demander des justifications apparut en dernier dans l'impôt général, principalement pour remédier aux fraudes commises au moyen des valeurs mobilières au porteur.

Dès 1920, M. Klotz, ministre des Finances, avait proposé d'étendre le droit de demander des justifications (2), et il proposait de modifier ainsi l'article 17 de la loi du 15 juillet 1914 modifié déjà par la loi du 30 décembre 1916.

« Le contrôleur vérifie les déclarations, il peut demander des éclaircissements aux contribuables et les mettre en demeure de fournir à l'appui de leur déclaration toutes « justifications » pouvant résulter de la production de documents qui doivent se trouver en leur possession. »

Ce projet fut repoussé et M. de Lasteyrie en donnait la raison dans son rapport (3) :

« En d'autres termes, il s'agissait précisément de renverser la charge de la preuve, votre Commission des finances n'a pu admettre une modification aussi grave du régime de l'impôt... c'eût été une atteinte grave portée à l'indépendance des citoyens et au secret de leurs affaires personnelles. »

Cependant, cinq ans après, le droit de demander des justifi-

---

(1) *Supra*, p. 48, note 2.
(2) *J. O.*, 13 janv. 1920. Doc. parl. Ch. annexe, n° 166, p. 6.
(3) Séance du 23 mars 1920. *J. O.*, Déb. parl. annexe, n° 589.

cations était établi par l'article 16 de la loi du 13 juillet 1925.

Ainsi que nous l'avons exposé à propos du contrôle par les signes extérieurs (1), lorsque le contrôleur a réuni des éléments précis sur les dépenses du contribuable, il peut lui demander des justifications relatives à la différence qui existe entre le revenu déclaré et ses dépenses.

En fait, ce droit d'exiger des justifications à propos de l'impôt général, permet indirectement de contrôler les revenus cédulaires, car pour justifier son revenu global, le contribuable doit fournir des justifications relatives à chaque catégorie de revenus ou bénéfices.

II. — Nature des Justifications

En définitive, malgré les termes différents employés par le législateur, toutes les justifications doivent comporter une preuve complète, soit des déductions invoquées par le déclarant, soit de quelques points de sa déclaration.

Il serait impossible de déterminer, par avance, la nature de toutes les justifications, ni surtout l'appréciation que le contrôleur en peut faire, car c'est essentiellement une question d'espèce dont l'appréciation appartient d'abord au contrôleur et ensuite au juge, sans oublier, depuis 1926, les commissions consultatives.

Essayons cependant de déduire quelques directives des arrêts intervenus en la matière et de dégager les tendances administratives des réponses ministérielles. Il nous faut reprendre la classification précédente pour étudier la nature de ces justifications.

1º Les justifications, contre-partie d'une déduction

Les justifications relatives à ces déductions sont relativement faciles à produire :

En ce qui concerne les déductions d'intérêts et de dettes, il faut présenter l'écrit constitutif ou les quittances.

---

(1) *Supra*, p. 48.

Il est de même assez facile de produire les quittances relatives aux divers impôts payés, ou aux amendes versées au Trésor par suite d'une majoration d'impôts. Mais, s'il s'agit de prouver un déficit d'exploitation, il faut présenter une comptabilité suffisamment précise, qui permette de le constater.

Quant aux déductions pour charges de famille, leur sincérité peut résulter de livret de famille, livret militaire, contrat de mariage, jugement de divorce, etc...

2º LES JUSTIFICATIONS, CONTRE-PARTIE D'UNE FAVEUR (1).

Le contribuable qui désire être imposé sur son bénéfice réel agricole doit fournir des justifications relatives à la véracité de ses dires; mais le législateur n'a pas précisé la nature de ces justifications.

Le Conseil d'État a décidé, à plusieurs reprises, qu'il était nécessaire de produire une comptabilité suffisamment précise pour constituer une véritable preuve (2) : Ainsi « n'apporte pas de justifications suffisantes, le contribuable qui se borne à produire un livre de comptes où sont portées indistinctement ses dépenses personnelles et ses dépenses d'exploitation et où ne figure pas aux recettes la valeur des produits qu'il a prélevés sur ses terres pour son entretien personnel et l'ensemble de sa maison. »

Si, en principe, il est admis qu'il faut produire une comptabilité, le ministre des Finances s'est toutefois refusé à fixer les règles de la comptabilité agricole (3); toutefois, l'Administration estime qu'une comptabilité régulière et complète doit comporter un livre de recettes et de dépenses, un compte de matériel et un livre d'inventaire des récoltes destinées à la vente et non encore vendues à la fin de l'année (4).

____

(1) Pour plus de clarté, les justifications à fournir par les assujettis, imposés d'une manière facultative sur leurs bénéfices industriels et commerciaux, seront traitées avec les justifications des contribuables imposés obligatoirement sur leur bénéfice réel.

(2) C. E., 28 mars 1924, D. P., 25, III, 37. — C. E., 18 déc. 1925. D. P., 26, III, 24 — C. P. Caen, 19 févr. 1927. Rec. quest. fisc. 1927, p. 130. — C. E. 18 nov. 1927. Rec. quest. fisc. 1927, p. 65. — C. E. 9 déc. 1927. Rec. quest. fisc. 1928, p. 77.

(3) J. O., 10 mars 1928. Déb. parl.

(4) « La preuve du bénéfice réel des exploitations agricoles en matière d'impôt sur les revenus ». Rec. quest. fisc. 1928, p. 112 et suiv.

En' 1926, le législateur a rendu plus facile la preuve de ce bénéfice réel en décidant que les justifications pourraient être fournies par tous *les modes de preuve du droit commun*, et l'Administration de son côté, a invité ses agents à faire une appréciation libérale des justifications fournies et à se contenter en l'absence de comptabilité régulière de justifications reposant sur des présomptions graves, précises et concordantes (1).

3º Les justifications, renforcement du contrôle.

a) *Justifications relatives aux bénéfices industriels et commerciaux*. — Sous le régime de la loi de 1917, il fallait, semble-t-il, distinguer deux catégories de justifications :

Les unes, relatives au bénéfice net étaient prévues par l'article 4 de ladite loi et devaient être fournies par tous les contribuables imposés obligatoirement (2) ou facultativement sur leur bénéfice net, les autres, relatives au chiffre d'affaires devaient être fournies par tous les contribuables taxés par l'application d'un coefficient à leur chiffre d'affaires.

Vis-à-vis des contribuables imposés sur leur *bénéfice net* (3), les justifications à fournir devaient comporter la production des livres, lorsqu'elle était indispensable pour établir la preuve du bénéfice déclaré, de plus, toutes explications orales devaient être données à l'appui des pièces justificatives (4). En fait, ces justifications portaient sur tous les livres et écritures commerciales susceptibles de permettre le contrôle du bénéfice net, mais le contrôleur devait se borner à requérir communication de la comptabilité; il ne pouvait en exiger le déplacement ou la production d'extraits (5).

Vis-à-vis des contribuables qui étaient assujettis d'après l'application d'un coefficient variable à leur *chiffre d'affaires*, le

---

(1) *J. O.*, 10 mars 1928. Déb. parl. et Circ. 26 juill. 1926 nº 1466 et circ. 25 sept. 1926, nº 1472.

(2) Lorsqu'il s'agissait des contribuables assujettis, obligatoirement, d'après leur bénéfice net, le contrôleur s'adressait d'abord à l'Administration de l'Enregistrement, qui était en possession de tous les renseignements.

(3) Circ. nº 1446.

(4) R. M., *J. O.*, Déb. parl. Ch., 2 sept. 1924, p. 3211. — C. E. 22 nov. 1923 et 11 avril 1924. *D. P.* 24, III, 62. — C. E. 8 avril 1927. *Rec. quest. fisc.* 1927, p. 162.

(5) R. M. nº 4975, *J. O.*, 22 août 1925. Déb. parl. Ch., p. 3507.

contrôleur avait le droit d'exiger, à l'appui de la déclaration du chiffre d'affaires, toutes les justifications nécessaires (1).

Il semblait que ces justifications devaient se limiter à la fixation du seul chiffre d'affaires, c'est-à-dire à la production des comptes d'achats et de ventes, sans pouvoir être étendues aux comptes faisant ressortir le bénéfice net.

C'est ce qui résultait des rapports parlementaires (2) et de l'instruction du 30 mars 1918 qui déclaraient que seuls, les éléments de comptabilité suffisants pour permettre de déterminer le chiffre d'affaires, devaient être communiqués. Mais ce système fut faussé par l'article 32 de la loi du 31 juillet 1920 qui prévoyait au profit des agents du Trésor un droit de communication à l'égard de tous les commerçants dont le chiffre d'affaires était supérieur à 50.000 francs (3). La seule raison d'être du forfait disparaissait donc, puisqu'il avait été institué en vue de respecter le secret des opérations commerciales, or ce secret était violé par l'exercice du droit de communication de l'article 32.

Alors que la jurisprudence voulait restreindre l'emploi de cet article 32, à la taxe sur le chiffre d'affaires, l'Administration donnait au fisc le pouvoir d'en user à propos de tous les impôts basés sur une déclaration, et même vis-à-vis des contribuables imposés d'après leur chiffre d'affaires (4).

Dès lors, ce système hybride n'avait plus de raison d'être, la loi de 1924 avait remédié à cette situation en prescrivant l'application obligatoire d'un coefficient unique au chiffre d'affaires lorsqu'il ne dépassait pas 200.000 francs (vendeurs) ou 40.000 francs (courtiers). Grâce à cette réforme, les contribuables en question étaient dispensés de produire leur comptabilité.

Néanmoins, ce système fut transformé par la loi du 4 avril 1926.

Depuis cette loi, seuls les contribuables dont le bénéfice est supérieur à 50.000 francs, sont tenus de fournir des justifications sur leur bénéfice net. Cependant, les commerçants qui ne tien-

---

(1) L. 31 juill. 1917, art. 9.
(2) Rapp. DUMESNIL, Ch. des Dép., 22 févr. 1917.
(3) *Supra*, p. 69.
(4) R. M. n° 2016, *J. O.* 3 mai 1925, Déb. parl. Ch., p. 2354.

nent pas une véritable comptabilité peuvent fournir, au lieu du compte de profits et pertes, un simple état de leurs bénéfices.

Cet état peut être limité à l'indication des éléments essentiels qui interviennent dans la détermination du bénéfice net à savoir : le bénéfice brut, les frais généraux et les amortissements. S'ils produisent ensuite les justifications en leur possession, ils sont considérés comme ayant satisfait aux nouvelles règles d'établissement de l'impôt (1).

Quant à la nature des justifications, elles doivent concerner le bénéfice réel ainsi que nous l'avons exposé précédemment (2) à propos du système de la loi du 31 juillet 1917.

Rappelons enfin que les commerçants dont le bénéfice est inférieur à 50.000 sont désormais exempts de toutes justifications ; de plus, nous avons admis que le droit de communication de l'article 32 ne pouvait leur être appliqué (3).

b) *Justifications relatives aux bénéfices des professions non commerciales.* — Ainsi que nous le savons, le contribuable est tenu de déclarer son bénéfice brut, ses dépenses professionnelles, et son bénéfice net.

Les justifications peuvent donc porter sur ces différents éléments : soit sur la détermination du bénéfice brut, lorsque le chiffre accusé par le contribuable ne correspond pas à l'importance de sa clientèle, au taux de ses honoraires, à sa réputation, etc..., soit sur ses dépenses personnelles, lorsqu'elles paraissent exagérées, soit enfin sur le bénéfice net lorsque, augmenté des autres revenus, il est manifestement inférieur aux dépenses personnelles du déclarant.

En appréciant les justifications, le contrôleur doit tenir compte de ce que, sauf les titulaires de charges et offices, les contribuables exerçant une profession non commerciale n'ont pas l'obligation de représenter des documents comptables ; en conséquence, dans certains cas, il se contentera de commencements de preuves ou de présomptions (4).

c) *Justifications relatives à l'impôt général.* — S'il est facile pour des commerçants de justifier de leur bénéfice, si cela est

---

(1) R. M. 7 déc. 1926. *Bull. Dup.* 1927, p. 229.
(2) *Supra*, p. 99.
(3) *Supra*, p. 71.
(4) *Notions élémentaires sur les impôts directs* (Dir. gén. des contrib. directes).

encore possible pour les contribuables qui exercent des professions non commerciales, il est beaucoup plus difficile, pour un particulier, de prouver l'origine de ses revenus ; surtout lorsque, comme cela se présente dans le contrôle par les signes extérieurs, le fisc lui demande de justifier l'infériorité du revenu déclaré par rapport à ses dépenses.

Le fisc exige, en quelque sorte, une preuve négative ; or, il est très difficile de prouver que l'on n'a pas joui en fait d'un revenu aussi élevé.

La loi n'a pas défini la nature de ces justifications, mais l'Administration estime que les intéressés doivent établir, avec preuves à l'appui, la provenance des sommes qui, venant parfaire leurs revenus, leur permettent de faire face à leurs dépenses personnelles (1).

Souvent le contribuable se trouvera dépourvu de preuves, soit qu'il vive sur de l'argent liquide thésaurisé dans son coffre, soit qu'il entame son capital, soit qu'il ait eu en sa possession des bons de la défense, exonérés de l'impôt général.

Or, l'Administration semble vouloir se montrer assez exigeante, quant aux justifications à produire : ainsi, il ressort accessoirement d'une réponse ministérielle, qu'un contribuable porteur de rentes 4 % 1925, exonérées de l'impôt général, doit justifier, le cas échéant, de la propriété des titres, s'il explique ainsi la différence constatée entre son revenu déclaré et ses dépenses (2). Mais, lorsque le contribuable explique cette différence par le revenu de bons de la défense (3) qu'il a vendus depuis, il ne peut en faire la preuve car l'achat, le remboursement ou la vente de ces bons se font sans laisser de traces et à notre avis, l'Administration doit, dans ce cas, se contenter d'une simple affirmation.

III. — Conséquences de la demande de Justifications

Il nous faut encore distinguer parmi ces conséquences, suivant qu'il s'agit de justifications de catégories différentes :

----

(1) Circ. du 29 août 1925, n° 1448.

(2) R. M., 29 juill. 1925. *J. O.*, Déb. parl. Sénat, 30 oct. 1925, p. 1573 (*Bull. Dup.*, 1926, p. 44).

(3) *Supra*, p. 21.

Lorsque les justifications, *fournies en contre-partie d'une déduction*, font défaut ou sont insuffisantes, le contrôleur n'en tient pas compte (1). Lorsqu'il s'agit de justifications, *fournies en contre-parite d'une faveur*, le contrôleur écarte le bénéfice réel pour maintenir l'évaluation forfaitaire, si les justifications sont insuf-fisantes ou absentes.

Mais en ce qui concerne les justifications exigées *en renforcement du contrôle*, il faut envisager les conséquences de leur absence ou de leur insuffisance dans chaque impôt.

1) *Impôt général.* — Lorsque le contrôleur, après avoir réuni des éléments précis sur les dépenses d'un contribuable, demande des justifications, le contribuable se voit taxé d'office sur un revenu plus élevé s'il ne *les produit pas* dans les vingt jours ou s'il les fournit *d'une manière insuffisante* (2).

La présomption d'exactitude de la déclaration est donc entiè-rement supprimée, le contrôleur, déjà juge de l'opportunité d'une demande de justifications, apprécie discrétionnairement les justifications fournies, sauf, naturellement la garantie du recours contentieux toujours à la disposition du contribuable.

2) *Bénéfices industriels et commerciaux.* — Sous le régime de la *loi de 1917*, aucune conséquence n'était prévue par les textes, toutefois, d'après les travaux parlementaires (3) si les inté-ressés n'*avaient pas fourni* les justifications qui leur étaient demandées, ils ne pouvaient obtenir réduction de la cotisation mise à leur charge qu'en apportant devant la juridiction compé-tente les justifications que précédemment ils s'étaient abstenus ou avaient refusé de produire.

Lorsque les justifications fournies avaient été reconnues *insuffisantes* par le contrôleur, ce dernier évaluait d'office l'im-position et l'Administration estimait que la charge de la preuve devait incomber au contribuable qui voulait réclamer (4); mais, en fait, le juge appréciait d'abord si les justifications produites par le contribuable, au cours de la procédure administrative,

---

(1) I. 1918, art. 191.
(2) L. 13 juill. 1925, art. 16 et L. 4 avril 1926, art. 13. — D. C., art. 93.
(3) Rapp. DUMESNIL, *J. O.* Ch., 22 févr. 1917. — C. E. 11 avril 1924, Leb., p. 394 11ᵉ esp.
(4) I. 1918, art. 29 et 36. — C. E., 25 janv. 1923, Leb., p. 90, 9ᵉ esp. — C. E. 25 févr. 1923, Leb., p. 180, 2ᵉ esp.

étaient véritablement insuffisantes, et suivant le résultat de cette appréciation la charge de la preuve incombait au contrôleur ou au contribuable.

Depuis la *loi du 4 avril 1926*, les contribuables astreints à fournir des justifications à l'appui de leur compte de profits et pertes, voient leur déclaration rectifiée d'office, *faute de les produire*. Bien que le texte ne prévoit pas les conséquences d'une « rectification d'office », il nous semble qu'elle doit entraîner un renversement de la preuve (1), car le contribuable a refusé de collaborer au contrôle.

Lorsque les renseignements fournis sont estimés *insuffisants* par le contrôleur, il peut rehausser la déclaration, mais il en avertit le contribuable et le prie de présenter ses observations.

S'ils ne tombent pas d'accord, contrôleur et contribuable ont la faculté de porter le différend devant une commission consultative dont l'avis aura pour résultat de mettre le fardeau de la preuve à la charge de celui qui ne s'y conformerait pas.

3) *Professions non commerciales.* — Dans cette cédule, la sanction du *refus de produire des justifications* n'a pas été prévue, cependant l'Administration déclare que le contribuable qui s'abstient ou refuse de répondre à la demande du contrôleur se met dans le cas d'être taxé d'office, et elle admet également un délai de vingt jours pour fournir ces justifications (2).

Par contre, si le contrôleur estime *les justifications insuffisantes*, il ne peut plus taxer d'office ainsi que la loi du 13 juillet 1925 lui en reconnaissait le droit, il peut simplement rectifier la déclaration et inviter le contribuable à présenter des observations.

Lorsque le désaccord persiste, il doit être soumis obligatoirement à l'appréciation d'une commission consultative.

La présomption d'exactitude a donc subi des atteintes différentes suivant nos impôts :

Alors que le refus de fournir des justifications entraîne toujours taxation d'office, les conséquences de justifications insuf-

---

(1) Sur les conséquences d'une rectification d'office. Cf. *infra*, p. 133.
(2) Circ. 25 sept. 1926, n° 1472.

fisantes sont, par contre, très différentes puisque, dans l'impôt général, le contrôleur a le droit de taxer d'office tandis que, dans les deux impôts cédulaires envisagés, il peut seulement rectifier la déclaration et soumettre ensuite le désaccord à l'avis d'une commission consultative.

DEUXIÈME PARTIE

LA SANCTION DES POUVOIRS DE CONTROLE

Si la déclaration du contribuable appelle nécessairement le contrôle, de même ce contrôle a pour corollaire inévitable une sanction qui se manifeste par une rectification de la déclaration ou par une taxation d'office, accompagnée d'une majoration de l'impôt.

En effet, lorsque la déclaration est inexacte, l'Administration doit pouvoir établir l'imposition sur des bases plus conformes à la réalité, mais il faut encore que ce pouvoir lui permette de traiter différemment le contribuable suivant qu'il a satisfait à ses obligations ou qu'il a refusé toute colloboration.

Ainsi, lorsque le contribuable a fourni sa déclaration et a répondu à une demande d'éclaircissements, le contrôleur dispose d'un moyen qui lui permet de relever le montant de l'imposition, s'il estime que les éclaircissements ne sont pas suffisamment convaincants : *C'est le pouvoir de rectification.*

Au contraire, lorsque le contribuable a refusé, soit de fournir une déclaration, soit de répondre à la demande d'éclaircissements ou de justifications, le contrôleur dispose d'un moyen qui lui permet d'établir l'imposition d'une façon unilatérale, puisque le contribuable a refusé la collaboration qui lui était demandée : *C'est le pouvoir de taxation d'office.*

Enfin, pour inciter les contribuables soit à fournir des déclarations complètes, soit à fournir la collaboration demandée, le contrôleur a le moyen d'imposer plus lourdement les contribuables fautifs : *C'est le pouvoir de majorer l'imposition.*

Si nous englobons ces trois pouvoirs sous le qualificatif commun de « sanction des pouvoirs de contrôle », il importe de remarquer qu'à proprement parler, seul, le pouvoir de majorer l'imposition est une véritable sanction. Car le pouvoir de rectification sanctionne l'inexactitude d'une déclaration en ce sens seulement qu'il permet de relever les bases de l'imposition; quant au pouvoir de taxation d'office, il permet d'évaluer le montant de l'impôt d'une manière unilatérale , et s'il comporte, en outre, certaines conséquences désavantageuses, ce ne sont pas, toutefois, de véritables sanctions.

Il nous faut étudier maintenant chacun de ces pouvoirs sur lesquels nous avons été obligés d'anticiper quelquefois, afin de rendre plus saisissante la différence entre les conséquences d'une demande d'éclaircissements ou de justifications.

CHAPITRE I

LE POUVOIR DE RECTIFICATION

Le pouvoir de rectification se présente comme la conséquence normale des pouvoirs de contrôle du fisc, car il permet à l'Administration de matérialiser le résultat de ses investigations en établissant l'impôt sur les bases les plus justes. Les différentes manifestations de ce pouvoir doivent être étudiées séparément suivant qu'il s'agit de l'impôt général ou des impôts cédulaires car la procédure en est très différente.

I° Section. — LE POUVOIR DE RECTIFICATION DANS L'IMPOT GÉNÉRAL SUR LE REVENU

Le droit de rectifier la déclaration en matière d'impôt général a été prévu par l'article 17 de la loi du 15 juillet 1914, modifié par l'article 5 de la loi du 30 décembre 1916; il nous faut préciser ses conditions d'exercice ainsi que la procédure à suivre.

1. — Conditions d'exercice

L'article 17 est ainsi conçu : « Le contrôleur vérifie les déclarations. Il peut demander au contribuable des éclaircissements. « *Il a le droit de rectifier les déclarations*..... Si une réclamation est introduite, le tribunal saisi du litige apprécie les motifs invoqués par l'Administration et par le contribuable et fixe la base d'imposition, *la charge de la preuve incombant à l'Administration.* »

Il est, en effet, naturel que le contrôleur puisse rehausser une déclaration qu'il estime erronée; mais, puisque la déclaration jouit d'une présomption d'exactitude, il doit apporter au juge la preuve du bien fondé de son rehaussement, si le contribuable veut réclamer.

L'exercice d'un droit de rectification ainsi conçu apparaît limité seulement par la preuve que le contrôleur doit fournir En effet, le contrôleur rectifie les déclarations qu'il estime inexactes lorsqu'il dispose de preuves suffisantes, qui peuvent être des présomptions graves, précises et concordantes ou de simples éléments de preuves de nature à déterminer la conviction du juge (1).

Il peut trouver les éléments de cette preuve dans ses dossiers, alors il rectifie immédiatement la déclaration, mais souvent il doit au préalable user de la demande d'éclaircissements, car dans l'entretien oral ou écrit qui s'en suivra il pourra recueillir quelques indices. Mais, ainsi que nous l'avons vu, les éclaircissements peuvent être de simples affirmations; et, dès lors qu'ils ne sont pas l'équivalent d'un refus de répondre (2), le contrôleur doit s'en contenter.

L'exercice du droit de rectification présente donc certaines difficultés pour l'Administration par suite de la charge de la preuve qui lui incombe; mais, en pratique, elle use peu de ce droit car elle jouit d'un autre pouvoir : Ainsi que nous l'avons vu, depuis 1926, l'Administration peut exiger des *justifications* lorsqu'elle a réuni des éléments précis sur les dépenses d'un contribuable (3), et faute de *justifications suffisantes,* elle a le droit de taxer d'office le contribuable qui, s'il veut réclamer, doit prouver qu'il a été surtaxé.

II. — Procédure de rectification

L'article 17 de la loi du 15 juillet 1914 nous renseigne encore sur la procédure à suivre en matière de rectification : « ... Le contrôleur a le droit de rectifier les déclarations, mais dans ce cas il adresse au contribuable, avant d'établir la matrice du rôle, l'indication des éléments qui serviront de base à son imposition, l'invite à se faire entendre ou à faire parvenir son acceptation

---

(1) I. 1918, art. 191.
(2) *Supra,* p. 88.
(3) *Supra,* p. 97.

ou ses observations et à fournir, s'il y a lieu, les justifications utiles au sujet des déductions qu'il demande, etc... »

Il faut donc distinguer trois phases au cours de la procédure de rectification, car le contribuable est d'abord avisé que sa déclaration sera rectifiée, il est alors invité à présenter des observations à ce sujet et enfin le contrôleur effectue la rectification.

a) *Avertissement préalable à la rectification.*

Avant d'établir la matrice du rôle, le contrôleur doit avertir le contribuable qu'il se propose de rectifier sa déclaration et lui indiquer les nouveaux éléments sur lesquels il compte baser son imposition.

Cet avertissement est une formalité essentielle et le contrôleur doit, en outre, indiquer les motifs qui l'ont suscité. Ces motifs peuvent être définis mais ils peuvent également être très vagues, par exemple de simples impressions, car il s'agit d'une *proposition de rectification* qui n'engage pas le contrôleur; ce dernier, en effet, n'est pas lié par cet avertissement, il peut encore modifier la rectification annoncée si des faits nouveaux parviennent à sa connaissance et lui apportent d'autres éléments de preuve (1).

Et nous verrons que, pratiquement, le contrôleur use de cet avertissement comme procédé d'intimidation vis-à-vis de contribuables qu'il soupçonne de frauder.

b) *L'invitation à présenter des observations.*

En avertissant le contribuable qu'il se propose de rectifier sa déclaration, le contrôleur doit l'inviter à présenter des observations, et cette phase de la procédure de rectification n'est pas la moins intéressante car, par cette invitation à présenter des observations, le législateur veut que contrôleur et contrôlé entrent une dernière fois en collaboration avant que l'imposition soit établie.

D'une part, si le fisc avait acquis la preuve d'une fraude sans

---

(1) Déclaration du ministre des Finances, *J. O.*, 18 juill. 1914, Ch., p. 2984.

recourir à la collaboration du contribuable (1), grâce à cette invitation à présenter des observations, le contribuable pourra dissiper un malentendu s'il veut, toutefois, fournir des observations, car il est simplement invité à en produire.

D'autre part, si le contrôleur après avoir usé de la demande d'éclaircissements avait acquis la preuve d'une inexactitude, ce dernier acte de collaboration permet au contribuable d'essayer de se justifier encore une fois : Auparavant, il pouvait hésiter à fournir les éclaircissements demandés, dans l'espérance que le contrôleur se contenterait d'une réponse assez vague; désormais, il sait que le rehaussement de sa déclaration s'en suivra forcément, aussi n'hésitera-t-il pas à produire toutes les preuves, qu'il détient, afin de prouver sa sincérité.

Enfin, le contrôleur use souvent de la procédure de rectification vis-à-vis de contribuables qu'il soupçonne de frauder; dans ce cas, elle sert de procédé d'intimidation et de dernier moyen de contrôle. En effet, lorsqu'il a un simple doute sur la sincérité d'une déclaration, et que, faute de preuves, il ne peut la rectifier, le contrôleur entamera cependant la procédure et avertira le contribuable qu'il a décidé de porter son imposition à un chiffre qu'il sait, lui, contrôleur, être trop élevé, quitte à diminuer ultérieurement ce chiffre devant le bien fondé des explications du contribuable.

Bien que le contribuable ne soit pas tenu de répondre à cette invitation à présenter des observations, en fait, s'il est de bonne foi, il n'hésitera pas à se justifier, ce qui lui évitera un recours contentieux toujours aléatoire; mais, si sa déclaration est effectivement fausse, le contribuable, dans l'ignorance des preuves dont le contrôleur dispose, se trouvera pris dans un dilemne :

Ou *garder le silence*, il risque, alors, de se voir imposer sur un chiffre, que le contrôleur a intentionnellement exagéré.

Ou *répondre*, ce qui sera la solution la meilleure, et le contribuable s'y résoudra le plus souvent, mais, si sa déclaration est fausse, ses réponses ne pourront être convaincantes et le contrôleur ne s'en contentera pas; aussi, dans la crainte de se

---

(1) Car le contrôleur n'est pas obligé de demander des éclaircissements avant de faire une rectification; l'article 17 de la loi du 15 juillet 1914 déclare simplement : « Le contrôleur vérifie les déclarations, il *peut* demander des éclaircissements. »

voir imposer sur des bases trop élevées, le contribuable finira par avouer son véritable revenu.

En fait, par l'invitation à présenter des observations, le contrôleur dispose donc d'un moyen de contrôle non prévu explicitement par les textes, mais qui, très souvent, lui permet de découvrir la vérité en acculant ainsi le contribuable à une discussion très profitable.

c) *La rectification proprement dite.*

Le contrôleur doit prendre une décision et établir l'imposition, soit d'après la déclaration ,soit sur les bases qu'il estime les plus justes.

Diverses hypothèses peuvent alors se présenter.

a) *Le contribuable a accepté la rectification :* l'imposition est alors établie sur cette base;

b) *Le contribuable a présenté des observations :*

1° si ces observations ont convaincu le contrôleur, l'imposition est établie conformément à la déclaration,

2° si ces observations apparaissent erronées ou laissent subsister des doutes, le contrôleur passe outre et rectifie la déclaration, dans la mesure toutefois où il pourra prouver le bien fondé de ce rehaussement;

c) *Le contribuable n'a pas répondu à l'invitation à présenter des observations :*

Cette réponse était facultative; dès lors, le défaut de réponse est assimilé au fait de fournir des observations erronées ou insuffisantes et le contrôleur rectifie la déclaration, mais cette rectification définitive doit être étayée de preuves; car, si dans son avertissement préalable, le contrôleur pouvait indiquer, au contribuable, son intention de porter l'imposition à un chiffre, que pertinemment il savait trop élevé, et cela dans le seul but de l'amener à discuter pour recueillir ainsi de nouveaux indices, désormais, il rectifie la déclaration, mais seulement dans la mesure où il sait qu'il pourra faire la preuve de sa rectification devant le juge.

IIe Section. — LE POUVOIR DE RECTIFICATION
DANS NOS IMPOTS CÉDULAIRES

Depuis 1917, le pouvoir de redresser les déclarations s'est présenté sous des aspects divers, mais avant d'en étudier les différentes manifestations, il faut remarquer que le pouvoir de rectification n'est pas nécessaire dans tous nos impôts cédulaires, notamment lorsque l'imposition est établie au moyen d'un forfait ou d'une évaluation administrative, car le fisc évalue lui-même les bases de l'imposition.

Il en est ainsi dans la cédule des bénéfices de l'exploitation agricole et dans celle des propriétés bâties et non bâties où l'impôt est établi d'après un forfait; de même dans la cédule des traitements et salaires car le contrôleur fixe lui-même le montant de l'imposition, à l'aide des renseignements fournis par les employeurs.

Par contre, si l'on envisage les cédules des *bénéfices industriels et commerciaux*, et des *bénéfices des professions non commerciales*, la nécessité du droit de rectification se fait sentir car la déclaration du contribuable intervient dans l'établissement de l'imposition, et le contrôleur doit avoir le moyen de rectifier *cette déclaration lorsqu'elle lui paraît inexacte*.

Dans l'étude de cette procédure de rectification, il faut distinguer deux périodes, car le droit de redresser les impositions, *assez mal défini par la loi du 31 juillet 1917 a été précisé par la* loi du 4 avril 1926.

I. — RÉGIME DE LA LOI DU 31 JUILLET 1917

Dans la cédule *des bénéfices industriels et commerciaux*, le législateur avait donné au contrôleur le droit d'évaluer d'office l'imposition des contribuables qui refusaient de produire déclaration ou justifications, mais les conséquences d'une collaboration insuffisante n'avaient pas été prévues; toutefois, l'Administration estimait que, puisque les justifications devaient comporter une preuve complète, le fait de les produire incomplètement permettait au contrôleur de rehausser l'imposition et obligeait le contribuable, qui voulait réclamer, à établir devant le juge son revenu exact avec justifications à l'appui; il s'agissait donc plus d'un pouvoir de taxation d'office, que d'un pouvoir de rectification.

Dans la cédule des *bénéfices des professions non commerciales,* d'après l'article 35 de la loi du 31 juillet 1917, le contrôleur pouvait rectifier la déclaration, il invitait alors le contribuable à produire des observations dans les vingt jours. L'article 9 de la loi du 13 juillet 1925, qui avait remplacé l'article 35, prévoyait le droit de taxer d'office lorsque les dépenses ostensibles paraissaient trop élevées par rapport au bénéfice déclaré, mais lorsque le contrôleur se basait sur d'autres motifs pour redresser la déclaration, aucune procédure de redressement n'avait été prévue.

II. — RÉGIME DE LA LOI DU 4 AVRIL 1926
LES COMMISSIONS CONSULTATIVES

La loi du 4 avril 1926 a transformé et clarifié la législation précédente; elle a supprimé le droit de taxer d'office, lorsque les justifications fournies étaient insuffisantes, pour établir un droit de rectification d'une nature particulière, car il comporte l'intervention de commissions consultatives composées de contribuables.

L'Administration peut user de cette procédure de rectification lorsqu'elle estime que les justifications produites à l'appui d'une déclaration sont insuffisantes, mais au cas de refus de fournir déclaration ou justifications, elle peut toujours user d'une procédure de taxation qui est alors unilatérale.

La nouvelle procédure de rectification est semblable dans les impôts des bénéfices industriels et commerciaux, et des professions non commerciales; nous l'envisagerons donc à la fois dans ces deux cédules en signalant à l'occasion quelques particularités :

Lorsque le contribuable a rempli toutes ses obligations, le contrôleur doit porter à la connaissance de l'assujetti les rectifications qu'il se propose de faire, ainsi que les motifs sur lesquels il s'appuie; il l'invite également à fournir ses observations écrites ou orales dans les vingt jours (1) et il se décide à rectifier ou non la déclaration après examen des observations.

Jusqu'à présent, la procédure de rectification est semblable à celle que nous avons décrite à propos de l'impôt général. Mais, si dans l'impôt général le contrôleur peut rectifier la déclaration lorsqu'il n'est pas d'accord avec le contribuable, quitte à faire la preuve de son rehaussement au cas de recours contentieux, ici, il n'en est pas de même, car le désaccord est soumis à l'appréciation d'une commission consultative, dont l'avis a pour conséquence de mettre le fardeau de la preuve à la charge du contrôleur ou du contribuable, dans la mesure où ils n'accepteront pas l'opinion de la Commission.

Il nous faut étudier la composition et la compétence de ces commissions consultatives ainsi que la procédure à suivre et les conséquences de leur intervention, pour apprécier ensuite la valeur de cette innovation.

a) *Composition et nature.*

La composition de ces commissions a été réglée différemment suivant qu'il s'agit des bénéfices industriels et commerciaux ou des professions non commerciales.

D'après le décret du 15 août 1926, la Commission, chargée de se prononcer sur les désaccords en matière de bénéfices industriels et commerciaux, siège au chef-lieu de chaque arrondissement; elle se compose de cinq commerçants ou industriels de l'arrondissement, désignés par la Chambre de Commerce (2).

Quant à la commission compétente en matière de professions non commerciales, elle siège au chef-lieu du département; elle est présidée par le président du tribunal civil du chef-lieu ou par un membre du tribunal désigné par lui; elle comprend un avocat, un notaire et un médecin (3). Si le contribuable, qui

---

(1) L. 4 avril 1926, art. 9 et 12. — D. C., art. 11, 12, 59.

(2) Cinq membres suppléants devront également être désignés.

(3) Voir sur les conditions de nomination. L. 4 avril 1926, art. 69. — D. C., art. 60. Dans les départements où les professions littéraires, scientifiques et artistiques présentent une importance suffisante pour justifier leur représentation permanente au sein de la Commission, le ministre des Finances, par un arrêté pris de concert avec son collègue de l'Instruction publique et des Beaux-Arts, peut adjoindre à la Commission des représentants de ces professions. L. 27 déc. 1927, art. 6.

recourt à la Commission, n'appartient pas à l'une de ces professions, il a le droit de réclamer la présence au sein de la commission d'un représentant des syndicats ou associations corporatives dont il fait partie. Cette Commission comprend, en outre, un inspecteur des contributions directes qui remplit les fonctions de secrétaire et a voix délibérative.

On peut déduire de leur composition que ces commissions sont des organismes extra administratifs puisqu'elles sont composées, l'une exclusivement et l'autre en majorité de contribuables. D'autre part, ce ne sont pas des juridictions car elles émettent de simples avis, qui produisent certains effets mais ne sont pas des jugements.

Donc, simples commissions *consultatives*, elles sont placées entre l'Administration et le contribuable, pour atténuer d'une part le caractère discrétionnaire des pouvoirs du fisc et pour assurer d'autre part un contrôle plus efficace, parce que plus éclairé sur la pratique des affaires et par suite plus qualifié pour apprécier les justifications.

b) Compétence.

La compétence de ces commissions doit se déterminer à propos des désaccords qui leur sont soumis et à propos des assujettis qui relèvent de leur autorité.

Compétence ratione materiæ. — Nous savons déjà que ces commissions sont appelées à formuler un avis sur les désaccords entre contrôleurs et controlés, au cours de la procédure de rectification. Mais la loi ne mentionne pas si tous les désaccords sur des questions de fait ou de principe pourront lui être soumis.

Toutefois, si nous nous reportons aux débats parlementaires, nous constatons que M. Chéron, dans son Rapport (1) déclare que « les désaccords portant sur une question de principe n'ont pas à être soumis à la Commission, mais seulement les désaccords portant sur des questions de faits » et ceci même, dans les professions non commerciales où le désaccord doit être *obligatoirement* soumis à la Commission (2).

---

(1) Rapp. CHÉRON, Sénat, *J. O.*, 22 févr. 1926 (annexe n° 84).
(2) *Infra*, p. 118, Circ. 25 sept. 1926, n° 1472.

Il est normal, en effet, que les désaccords portant sur des questions de principe ne soient pas soumis à une commission de contribuables, car elle n'est pas qualifiée pour discerner si telle recette constitue un capital ou un revenu (1).

Le rôle de cette commission consultative doit donc se limiter aux désaccords portant sur des faits et encore son intervention n'est prévue que pour suppléer à l'insuffisance des justifications apportées par le contribuable; car lorsque le contrôleur se trouve en présence d'un refus de fournir des justifications, l'imposition est évaluée d'office sans être soumise à la Commission consultative, en effet, devant un refus de collaborer l'Administration est en droit de taxer d'office sans recourir à une procédure contradictoire (2).

Competence ratione personæ. — La Commission consultative est-elle compétente vis-à-vis de tous les assujettis à ces deux cédules?

Tous les assujettis à la cédule des professions non commerciales doivent soumettre leurs désaccords avec le contrôleur à la Commission consultative. L'article 12 de la loi du 4 avril 1926 est ainsi rédigé : « Si le désaccord persiste, *il est soumis* à l'appréciation d'une Commission consultative. »

Quant aux assujettis à la cédule des bénéfices industriels et commerciaux, l'article 9 de la même loi s'exprime différemment : « Si le désaccord persiste, *il peut être soumis* à l'appréciation d'une Commission consultative. »

Il en résulte que, dans le premier cas, le désaccord doit obligatoirement être soumis à l'appréciation de la Commission consultative, l'avis de la Commission devant nécessairement faire partie de la procédure de rectification; tandis que dans le second cas c'est au contrôleur ou au contribuable qu'il appartient de soumettre le désaccord à l'appréciation de la Commission, lorsqu'ils le jugent à propos.

Dans la cédule des bénéfices industriels et commerciaux, il faut remarquer que le désaccord peut toujours être soumis à la Commission, qu'il s'agisse de contribuables dont le bénéfice

---

(1) Circ., 25 sept. 1926, n° 1472.

(2) D. C., art. 10. Circ. 25 sept. 1926. Nous verrons *infra*, p. 127, qu'il y a lieu d'étendre cette disposition prévue pour la cédule des bénéfices industriels et commerciaux à la cédule des professions non commerciales.

est supérieur ou non à 50.000 francs. D'après le rapport de M. Chéron, l'avis de la Commission est utile surtout vis-à-vis de ceux dont le bénéfice est inférieur à 50.000 francs, car le contrôle administratif à leur égard, est très sommaire. En ce qui les concerne, dit-il, le système proposé est susceptible d'éliminer une grande partie des fraudes actuelles; la seule perspective d'avoir à justifier leur déclaration devant une commission composée d'hommes ayant l'habitude des affaires est de nature à inciter les assujettis à plus de sincérité.

c) *Procédure.*

En matière de bénéfices industriels et commerciaux, le droit de soumettre le désaccord à la Commission consultative, appartient au contrôleur comme au contribuable (1), tandis qu'en matière de bénéfices des professions non commerciales, le contrôleur doit obligatoirement lui soumettre le désaccord.

La Commission se réunit à la demande du directeur départemental des Contributions directes et sur la convocation de son président. Les contribuables intéressés doivent en être informés au moins dix jours avant, ils sont invités à présenter leurs observations orales ou écrites, observations dont l'étendue n'est pas limitée; ils peuvent produire tout ce qui est de nature à éclairer la Commission.

En fait, les assujettis aux bénéfices industriels et commerciaux dont le bénéfice ne dépasse pas 50.000 francs, doivent présenter leur comptabilité; quant à ceux dont le bénéfice est inférieur à 50.000 francs, la Commission doit apprécier, d'après leur chiffre d'affaires et les signes extérieurs, si la catégorie où ils se sont rangés paraît être en concordance avec la marche de leur établissement (2).

Quant aux assujettis à la cédule des professions non commerciales, ils doivent produire des renseignements sur leurs bénéfices et leurs dépenses professionnelles.

---

(1) Circ., 25 sept. 1926, n° 1472.

(2) La Commission peut attribuer un bénéfice supérieur à 50.000 francs à des commerçants qui ont déclaré un bénéfice inférieur à ce chiffre. Ces commerçants, à moins d'une preuve contraire à leur charge, seront soumis à toutes les obligations qui incombent aux contribuables dont le bénéfice est supérieur à 50.000 francs (Circ., 25 sept. 1926).

Après examen des motifs invoqués par l'Administration et le contribuable, la Commission délibère valablement, à condition qu'il y ait au moins trois membres présents; elle formule, par écrit, un avis indiquant le chiffre qui doit être retenu comme base de l'imposition, avis qui n'a pas besoin d'être motivé ce qui, en fait, laisse à la Commission un pouvoir d'appréciation très étendu. Cet avis doit ensuite être notifié au contribuable.

d) *Conséquences de l'intervention de la Commission.*

L'avis de la Commission n'engage pas l'Administration, car en même temps qu'elle notifie au contribuable cet avis, l'Administration doit lui indiquer le chiffre sur lequel elle se propose de le taxer.

Cependant, si le chiffre retenu par l'Administration est supérieur à celui qui a été indiqué par la Commission, la charge de la preuve incombe au contrôleur dans la mesure où le revenu pris pour base de l'impôt dépasse le chiffre fixé par la Commission.

D'autre part, même si l'Administration et la Commission sont d'accord, le contribuable peut contester l'imposition et intenter un recours contentieux; il doit alors apporter la preuve du chiffre exact de ses bénéfices.

C'est donc uniquement par un renversement de la preuve que se trouve sanctionné cet avis de la Commission consultative, qui est présumé exact tant que le contrôleur ou le contribuable n'apporte pas la preuve contraire.

Notons qu'en matière de bénéfices industriels et commerciaux, lorsque, malgré la demande du contribuable, l'Administration n'a pas soumis le désaccord à la Commission, le défaut d'accomplissement de cette formalité ne peut entraîner l'annulation de la procédure d'imposition : il aura pour seule conséquence, de mettre la preuve à la charge du contrôleur; car l'absence d'un avis régulièrement sollicité par le contribuable serait considéré comme équivalent à un avis défavorable de la Commission vis-à-vis de l'Administration (1).

---

(1) En ce sens, ALLIX et LECERCLÉ, *op. cit.*, supplément, p. 48.

Mais, lorsque le contribuable n'a pas demandé que le désaccord soit soumis à la Commission et lorsque le contrôleur n'a pas jugé bon de l'y soumettre (1); au cas de recours contentieux, le juge doit apprécier les motifs de l'un et de l'autre, car la charge de la preuve n'incombe alors spécialement à aucun d'eux.

Appréciation de cette nouvelle procédure de rectification

Les commissions consultatives furent créées pour rendre plus efficace le contrôle des impôts sur les bénéfices industriels et commerciaux, et sur les professions non commerciales, car le contrôle était très délicat faute de documents à consulter ou faute d'éléments permettant d'apprécier à leur juste valeur les documents fournis.

Si cette innovation paraît diminuer les pouvoirs de l'Administration, en fait l'efficacité du contrôle doit y gagner. Auparavant, le contrôleur intervenait seul et jouissait d'un pouvoir d'appréciation très étendu, mais il était facile de le tromper, tandis que, maintenant, si ses pouvoirs ont été diminués, le contrôle a gagné en garantie et en efficacité grâce à l'intervention de commissions consultatives. Car, jugé par des contribuables, l'assujetti ne sera pas taxé trop lourdement, et il est permis de penser, d'autre part, qu'une commission composée de commerçants, habitués aux affaires, sera plus apte à reconnaître la sincérité des justifications fournies : ainsi, la présomption d'exactitude qui s'attache aujourd'hui à toute comptabilité, alors même que le bénéfice qu'elle fait ressortir paraît invraisemblable, pourra être détruite par un avis de cette commission spécialement compétente. Il ne sera plus possible pour un détaillant de dissimuler une partie de son bénéfice par l'omission dans sa comptabilité d'une fraction de ses recettes brutes, omission dont la preuve était très difficile à trouver de la part du contrôleur (2).

---

(1) R. M., 21 août 1927. *J. O.*, Déb. parl. Ch., p. 2729. Le contrôleur reste libre d'apprécier si l'intervention de la Commission doit être provoquée, lorsqu'un contribuable tout en marquant son désaccord, ne l'avise pas formellement de son désir de s'expliquer devant la Commission.

(2) *D. P.*, 1926, IV, 154.

Ainsi que le disait M. Chéron dans son rapport : « il ne faudrait pas croire que les commissions doivent être les avocats des contribuables : ce serait une grave erreur. Elles ont été faites plutôt pour renforcer le contrôle; seulement, pour ménager les susceptibilités des contribuables, elles furent composées de contribuables. »

Il faut espérer que, pratiquement, ce contrôle du contribuable par des contribuables sera efficace et n'apportera pas trop de déboires, par suite de la jalousie de concurrents; il se pourrait, en effet, que des contribuables hésitent à recourir à la Commission pour ne pas dévoiler leur comptabilité à des concurrents éventuels, malgré le secret professionnel auquel les membres de la Commission sont astreints.

CHAPITRE II

LE POUVOIR DE TAXATION D'OFFICE

Nous avons vu que, lorsque le contribuable se prêtait de bonne grâce à la collaboration demandée, le fisc jouissait du droit de rectifier la déclaration, s'il la trouvait inexacte, mais alors il devait se trouver en mesure de prouver le bien fondé de son rehaussement. Au contraire, lorsque le contribuable refuse de collaborer à l'établissement de son imposition et ne produit ni déclaration, ni éclaircissements, ni justifications suffisantes, le fisc dispose d'un procédé qui lui permet d'imposer le contribuable défaillant : c'est le droit de taxer d'office.

Ce droit de taxation d'office apparaît comme un procédé d'imposition subsidiaire à la disposition de l'Administration pour suppléer à la carence du contribuable, ce qui explique les conséquences fâcheuses qu'il comporte : A l'inverse de la procédure de rectification qui était contradictoire, la procédure de taxation d'office sera naturellement unilatérale puisque le contribuable fait défaut, et en vertu du proverbe bien connu que « les absents ont toujours tort » l'imposition établie sans le concours de l'intéressé sera souvent trop élevée; de plus, si le contribuable veut réclamer contre l'exagération de la taxation administrative, c'est à lui d'apporter la preuve de son revenu ou bénéfice réel.

Il nous faut envisager, avec plus de détails, les différentes applications, la procédure et les conséquences de ce pouvoir de taxer d'office.

Iʳᵉ Section. — DES DIFFÉRENTS CAS DE TAXATION D'OFFICE

Les différents cas de taxation d'office peuvent être classés sous trois rubriques, suivant que la taxation résulte d'un refus de déclarer, d'un refus de collaborer ou d'une collaboration incomplète lorsque le contrôleur pouvait exiger une preuve entière.

I. — Absence de déclaration

L'absence de déclaration dans le délai légal suffit pour motiver une taxation d'office; cependant, dans certains cas, le contrôleur est tenu de provoquer cette déclaration et il doit laisser un nouveau délai au contribuable avant de le taxer.

Nous allons rappeler brièvement les différentes règles qui ont régi nos impôts (1).

A) *Impôt général.* — Sous l'empire de la loi du 15 juillet 1914 (art. 16), le contribuable n'était pas astreint à fournir spontanément sa déclaration dans un délai de deux mois : il pouvait encore la produire à l'expiration de ce délai, mais elle devait être détaillée. De plus, le contrôleur ne pouvait taxer d'office sans avoir fait part au contribuable des éléments qui serviraient de base à son imposition et sans l'avoir invité à souscrire une déclaration.

Au contraire, depuis la loi du 30 décembre 1916 (art. 5), le contribuable doit fournir une déclaration détaillée (2) dans un délai de deux mois, et sans invitation préalable, sous peine de taxation d'office.

Remarquons que le contribuable n'était pas obligé de renouveler cette déclaration tous les ans : Après une première déclaration, le contrôleur ne pouvait taxer d'office; il devait se contenter de rectifier, s'il y avait lieu, la déclaration primitive.

Depuis la loi du 4 avril 1926, la déclaration doit être annuelle et le contrôleur peut taxer d'office sans s'occuper des déclarations antérieures.

B) *Impôts cédulaires.* — La déclaration est obligatoire sous peine de taxation d'office dans l'impôt sur les bénéfices industriels et commerciaux et dans l'impôt sur les bénéfices des professions non commerciales.

D'après la loi du 31 juillet 1917 (art. 9), l'assujetti à l'impôt *des bénéfices industriels et commerciaux* qui n'avait pas fourni une

---

(1) *Supra,* Introduction, p. 6 et suivantes.
(2) C. E., 13 janv. 1928. *Sem. Jur.*, 1928, p. 399. C. E., 11 avril 1924. *Leb.*, p. 394, 11ᵉ esp. et p. 393, 10ᵉ esp.

déclaration de son bénéfice réel, appuyée du compte de profits et pertes, était taxé sur son chiffre d'affaires (1).

Il pouvait attendre que le contrôleur l'invite à le déclarer, mais lorsqu'il y était invité, il devait le produire dans les vingt jours, sous peine de taxation d'office.

Avec la loi du 25 juin 1920 (art. 3), les contribuables dont le chiffre d'affaires excédait 50.000 francs devaient le déclarer spontanément, sous peine d'une majoration de 10 % de l'impôt. Toutefois, l'Administration n'évaluait d'office qu'après invitation à souscrire une déclaration.

Depuis la loi du 4 avril 1926, tous les commerçants sont tenus de fournir spontanément et sous peine de taxation d'office, une déclaration soit de leur bénéfice réel, soit de la catégorie où ils désirent être rangés (2), suivant que leur bénéfice est supérieur ou non à 50.000 francs.

Dans la cédule des *bénéfices des professions non commerciales*, la déclaration est toujours obligatoire sans être forcément spontanée, car le contrôleur ne peut taxer d'office sans avoir au préalable invité le contribuable à souscrire une déclaration, dans les vingt jours (3).

II. — Refus de collaborer au contrôle

En vue de vérifier la déclaration, le contrôleur peut demander tantôt des éclaircissements, tantôt des justifications, et nous avons vu que le refus de les fournir entraînait taxation d'office, car le contrôle est le corollaire indispensable du système de la déclaration.

Rappelons brièvement les différents cas qui peuvent se présenter :

1) *Refus de fournir des éclaircissements.*

L'article 17 de la loi du 15 juillet 1914 (4) donnait au contrôleur le droit de demander des éclaircissements en vue du contrôle

---

(1) Sur la manière d'évaluer d'office le chiffre d'affaires : Cf. Circ., 31 déc. 1918.

(2) L. 4 avril 1926, art. 11. — D. C., art. 16. Ces déclarations doivent être fournies avant le 1er mars ; toutefois, ce délai est étendu jusqu'au 31 mars dans certains cas. D. C., art. 8.

(3) L. 31 juill. 1917, art. 36. — D. C., art. 64.

(4) Modifié par l'art. 5. L. 30 déc. 1916.

de l'impôt général et l'article 19 de la même loi prévoyait comme sanction que, faute de répondre à la demande d'éclaircissements, le contribuable serait taxé d'office.

Remarquons que si, par extension, le contrôleur use du droit de demander des éclaircissements en contrôlant les impôts cédulaires, il ne peut taxer d'office, lorsque le contribuable refuse de les fournir (1).

2) *Refus de fournir des justifications.*

Lorsque le contrôleur a le droit de demander des justifications à l'appui de la déclaration, le refus de les fournir entraîne taxation d'office. En voici les différents cas :

a) *Impôt général.* — Depuis la loi du 13 juillet 1925 (art. 16), lorsque le contrôleur a réuni des éléments précis tendant à prouver que les dépenses du contribuable dépassent le revenu déclaré, il peut exiger des justifications sous peine de taxation d'office.

b) *Bénéfices industriels et commerciaux.* — Sous le régime de la loi de 1917, lorsque le contribuable, astreint à fournir des justifications sur son chiffre d'affaires, ne les produisait pas, son imposition était évaluée d'office.

Depuis la loi du 4 avril 1926, le législateur a employé des termes nouveaux pour sanctionner le refus de produire des justifications lorsque le bénéfice dépasse 50.000 francs : « Les contribuables qui font un bénéfice de plus de 50.000 francs et qui ne fournissent pas à l'appui les renseignements prévus audit article, peuvent faire l'objet d'une *rectification d'office* (2) ».

Que faut-il entendre par ces termes « rectification d'office »? Est-ce une taxation d'office? est-ce une rectification?

L'Administration en donne l'interprétation suivante (3) : « Toute déclaration qui ne sera pas appuyée des justifications prescrites, pourra être rectifiée par le contrôleur d'après les données en sa possession et sans communication des motifs de la rectification. » C'est donc une exception au caractère

---

(1) *Supra,* p. 86.
(2) L. 4 avril 1926, art. 9. — D. C., art. 13.
(3) Circ. 25 sept. 1926.

contradictoire de la procédure de rectification; et quant aux conséquences de cette rectification d'office, nous verrons (1) qu'il faut admettre un renversement de la preuve au cas de recours contentieux.

c) *Bénéfices des professions non commerciales.* — D'après la loi du 13 juillet 1925, le contrôleur pouvait exiger des justifications, sous peine de taxation d'office, lorsqu'il avait réuni des éléments précis sur les dépenses du contribuable.

Depuis la loi du 4 avril 1926, il peut exiger tous renseignements susceptibles de justifier l'exactitude des chiffres déclarés, sans avoir réuni au préalable des éléments précis.

Le refus de les fournir n'a pas été sanctionné par la loi, mais il faut admettre, dit l'Administration (2), que le droit de les demander a pour conséquence la taxation d'office, si le contribuable refuse de les produire.

III. — COLLABORATION INSUFFISANTE

Il nous faut distinguer suivant qu'il s'agit de l'impôt général ou des impôts cédulaires, car les conséquences d'une collaboration insuffisante sont différentes.

Dans l'*impôt général,* les conséquences diffèrent suivant que le contrôleur a demandé des éclaircissements ou des justifications..

Car, en réponse à une demande d'éclaircissements, il suffit de fournir de simples affirmations et c'est seulement lorsque les éclaircissements fournis peuvent être assimilés à un refus de répondre que le contrôleur peut taxer d'office (3); lorsque le contrôleur estime qu'ils ne sont pas assez convaincants, il peut seulement rectifier la déclaration (4).

Par contre, en réponse à une demande de justifications, il faut fournir une preuve complète, sinon le contrôleur peut taxer d'office, et nous savons que des justifications peuvent

---

(1) *Infra,* p. 133.
(2) Circ. 25 sept. 1926.
(3) Déc. 17 janv. 1917, art. 9. — C. E., 30 juill. 1924. *Leb.,* p. 748, 3e esp.
(4) *Supra,* p. 88.

être exigées lorsque les dépenses d'un contribuable ne correspondent pas à son train de vie.

Dans les *impôts cédulaires*, le droit de demander des éclaircissements n'a pas été expressément prévu par les textes; par suite le défaut de réponse ou une réponse insuffisante est sans conséquence (1).

Sous le régime de la loi de 1917, le fait de fournir des justifications insuffisantes entraînait taxation d'office, tandis que depuis 1926, le contrôleur peut seulement rectifier la déclaration et une commission consultative se prononce sur cette rectification.

IIe Section. — PROCÉDURE D'ÉTABLISSEMENT DE LA TAXATION D'OFFICE

Pour situer le rôle et la place de la procédure de taxation d'office, dans le système de la déclaration contrôlée, il faut se rappeler que la taxation d'office est la conséquence d'une faute du contribuable, qui a voulu se soustraire au procédé normal d'imposition.

Puisque le contribuable se refuse à collaborer d'une manière suffisante, il faut que le contrôleur ait à sa disposition un procédé qui lui permette d'établir l'impôt de façon unilatérale.

Nous envisagerons donc les rapports du fisc et du contribuable au cours de cette procédure de taxation d'office, ainsi que les éléments d'après lesquels l'imposition sera établie.

I. — Rapports du fisc et du contribuable au cours de la procédure de taxation d'office

A l'inverse de la procédure de rectification qui, dans le but de favoriser une entente amiable entre les deux parties, leur ménageait de nombreux contacts, la procédure de taxation d'office est naturellement unilatérale, puisque le contribuable fait défaut.

D'après le texte primitif de la loi du 15 juillet 1914 (2), le con-

---

(1) *Supra,* pp. 86 et 126.
(2) Art. 16-§ 8.

trôleur devait informer le contribuable de la base sur laquelle son imposition était établie d'office, mais il résultait, tant des travaux préparatoires que du texte même de la loi, que le contrôleur n'avait pas à indiquer *le détail des éléments* sur lesquels le revenu du contribuable était établi (1).

Cette disposition fut supprimée par la loi du 30 décembre 1916 qui rendit la déclaration obligatoire et fit de la taxation d'office un procédé d'imposition de défaveur.

Désormais, lorsqu'il taxe d'office, le contrôleur n'est astreint à aucune condition de forme; il n'est même pas tenu d'avertir le contribuable des bases d'imposition sur lesquelles il a décidé de le taxer (2). Cependant, l'Administration laisse au contrôleur la faculté de prévenir le contribuable et de provoquer ses explications (3).

Avant de taxer d'office, l'Administration doit quelquefois mettre le contribuable en demeure de remplir ses obligations et lui laisser un certain délai pour fournir une réponse :

Ainsi, le contrôleur ne peut taxer d'office l'assujetti à la cédule des professions non commerciales s'il ne l'a au préalable invité à fournir une déclaration dans les vingt jours (4); cette disposition était également en vigueur dans la cédule des bénéfices industriels et commerciaux vis-à-vis des commerçants taxés d'après leur chiffre d'affaires, mais elle fut supprimée pour ceux-ci par la loi du 4 avril 1926.

En matière d'impôt général, le contrôleur ne peut taxer d'office pour refus de fournir des éclaircissements, s'il n'a au préalable envoyé une demande écrite à l'intéressé (5), et, lorsque la taxation résulte du refus de fournir éclaircissements ou justifications, le contrôleur doit laisser s'écouler vingt jours après sa demande avant de taxer d'office, afin de donner au contribuable le temps de les produire (6). En fait, l'Administration étend ce délai de réponse à toutes les demandes de justifications.

---

(1) C. E., 25 juill. 1924. *Leb.*, p. 733, 3e esp.
(2) C. E., 23 févr. 1923. *Bull. Dup.*, 1923, p. 209.
(3) I. 1918, art. 218.
(4) D. C., art. 64.
(5) I. 1918, art. 216.
(6) D. C., art. 93. — Circ. 25 sept. 1926, n° 1472.

II. — Bases de l'évaluation administrative.

Le contrôleur doit donc se passer du concours du contribuable et établir l'imposition d'après ses propres moyens; mais de quels renseignements usera-t-il et quelle évaluation pourra-t-il en faire?

Sous le régime de la loi du 15 juillet 1914, la déclaration était facultative, par suite la taxation administrative n'était pas un régime de défaveur : elle allait de pair avec celui de la déclaration.

En conséquence, l'article 19 de ladite loi avait établi certaines dispositions en vue de limiter les pouvoirs d'évaluation d'office du contrôleur. L'imposition devait être établie d'après les éléments certains dont il disposait de par ses fonctions (1), et à défaut d'éléments certains, le législateur avait fixé un maximum à l'évaluation administrative. Ainsi, le revenu imposable ne pouvait dépasser, pour les propriétés bâties et non bâties, le revenu net servant de base à la contribution foncière; pour les bénéfices agricoles, une somme égale à la moitié de la valeur locative des terres exploitées; pour les assujettis à la patente, une somme égale à trente fois le principal de la patente.

En fait, ces dispositions avaient abouti à faire une situation plus favorable aux contribuables qui ne souscrivaient pas de déclaration. C'était la ruine de ce système; aussi, la loi du 30 décembre 1916 (art. 5) rendit la déclaration obligatoire et abrogea ces restrictions imposées au contrôleur, lorsqu'il taxait d'office; car, si la déclaration devenait obligatoire, la taxation d'office n'était plus qu'un procédé d'imposition subsidiaire employé à l'égard des contribuables fautifs, et il était logique de supprimer ces restrictions qui auraient encouragé la fraude.

Désormais, lorsqu'il taxe d'office, le contrôleur jouit d'une entière liberté dans l'appréciation du revenu des contribuables : il est entraîné à faire une évaluation d'autant plus large que d'une part le contribuable est en faute du fait qu'il refuse de collaborer et que, d'autre part, le contrôleur n'a pas à prouver le bien fondé de sa taxation au cas de réclamation contentieuse.

Lorsqu'il évalue le revenu global d'un contribuable, le contrô-

---

(1) *Supra*, p. 39.

leur use de tous les renseignements qu'il a recueillis lors du contrôle des impôts cédulaires, mais, lorsque le forfait est admis comme procédé d'assiette de l'impôt cédulaire, il n'est pas obligé de s'en tenir à ce forfait dans son évaluation du revenu global (1). D'après cette première évaluation, il se pourrait que le contribuable fautif se trouve bénéficier d'une atténuation d'impôt; pour éviter cette atténuation injustifiée, l'Administration a prévu une seconde évaluation (2), à l'aide de tous les signes apparents du train de vie du contribuable (résidences secondaires, domesticité, équipages, etc...). Le contrôleur arrive ainsi à une appréciation très sérieuse du revenu global présumé.

Lorsqu'il cherche à évaluer les bénéfices relatifs à un impôt cédulaire, le contrôleur use de tous les renseignements qu'il peut recueillir et il tient compte par comparaison du revenu déclaré par des contribuables de situation analogue.

Il résulte de ces dispositions qu'une large initiative est laissée au contrôleur, quant à l'évaluation des bases de la taxation d'office.

Mais, pour être complet, en cette matière, il nous faut préciser si, dans son évaluation, le contrôleur doit tenir compte des diverses déductions que le contribuable peut invoquer.

Les textes sont peu précis, mais, d'après les travaux parlementaires, il faut distinguer entre les déductions pour charges de famille (3) et les déductions pour intérêts de dettes, arrérages, etc... (4).

Lorsqu'il taxe d'office, le contrôleur doit tenir compte des déductions pour charges de famille, si le contribuable les a indiquées dans sa déclaration ou a fourni des indications nécessaires à ce sujet (5); de plus, l'Administration prévoit qu'il doit également en tenir compte lorsque ces charges sont notoirement connues (6).

Quant aux déductions pour intérêts de dettes, arrérages de

---

(1) C. E., 12 janv. 1923. *Leb.*, p. 36, — 28 juill. 1921. *Leb.*, p. 783, — 8 juin 1923. *Leb,* p. 463, 1re esp.

(2) I. 1918, art. 195.

(3) L. 15 juill. 1914, art. 12.

(4) L. 15 juill. 1914, art. 10.

(5) *J. O.*; 12 juill. 1914. Déb. parl., pp. 2968 et 2969.

(6) I. 1918, art. 150.

rentes, etc..., elles apparaissent comme un avantage attaché
à la déclaration (1) et, à notre avis, en l'absence de déclaration,
le contrôleur ne pourrait en tenir compte; mais il devrait en
faire état lorsque la taxation d'office est la conséquence d'un
refus de fournir des *éclaircissements ou des justifications*, car
dans ces hypothèses, il y a eu déclaration quoique inexacte.

IIIe Section. — CONSÉQUENCES DE LA TAXATION D'OFFICE AU CAS DE RÉCLAMATION CONTENTIEUSE

Du fait que la procédure de taxation est unilatérale, il en
résulte déjà un désavantage pour les contribuables taxés d'office; toutefois, c'est dans le renversement de la preuve, au cas
de recours contentieux, que réside la plus fâcheuse conséquence
de la taxation d'office; et c'est ce qu'il nous faut envisager
maintenant (2) :

Si les textes relatifs à l'impôt général sur le revenu stipulent
expressément (3) qu'au cas de réclamation contentieuse, le
contribuable taxé d'office doit prouver l'exagération de l'évaluation administrative, il n'en est pas de même dans les impôts
cédulaires, bien qu'à l'égard de ceux-ci, l'Administration et la
jurisprudence aient également admis ce renversement de la
preuve :

Le ministre des Finances s'exprimait ainsi : « Si les textes
concernant les impôts cédulaires ne contiennent pas de dispositions explicites à cet égard, il n'est pas douteux néanmoins

---

(1) L. 15 juill. 1914, art. 16-§ 3 et Déb. parl. Sénat, *J. O.*, 1914, p. 1056 et *J. O.*,
12 juill. 1914. Déb. parl. pp. 2968 et 2969.

(2) Mentionnons une autre conséquence de la taxation d'office relative aux frais de
l'instance : les frais de l'instance (frais de timbre et de réclamation) ainsi que les frais
d'expertise sont toujours à la charge du contribuable taxé d'office même s'il obtient un
dégrèvement, sauf lorsque le chiffre du revenu définitivement retenu comme base de
l'imposition ne dépasse pas de plus de 10 % celui dont il a demandé l'application.
(L. 15 juill. 1914, art. 19. — D. C., art. 94. — Instr. générale, 31 déc. 1926. Titre I, art. 53
et 119). Ces dispositions concernent exclusivement l'impôt général et ne doivent pas être
étendues aux impôts cédulaires où il appartient au juge d'attribuer les frais à la partie
qui succombe suivant le droit commun.

(3) L. 15 juill. 1914, art. 19 modifié. L. 30 déc. 1916 et L. 13 juill. 1925, art. 16. — D. C,
art. 93 et 94.

qu'en cette matière également, la conséquence nécessaire de l'imposition d'office consiste dans l'obligation pour l'assujetti d'apporter en cas de réclamation toutes les justifications de nature à faire la preuve des évaluations dont il demande l'adoption (1). »

De même, la jurisprudence du Conseil d'État a toujours adopté cette manière de voir (2).

Cependant, nous avons vu que, depuis 1926, l'absence de justifications, en matière de bénéfices industriels et commerciaux, était sanctionnée par une *rectification d'office* (3). Si cette rectification d'office est faite d'une manière unilatérale par l'Administration (4), a-t-elle pour effet d'obliger le contribuable dont la déclaration a été ainsi rectifiée, à fournir la preuve de son bénéfice au cas de recours contentieux. Le législateur n'a pas prévu expressément cette conséquence; toutefois, il nous semble qu'il faut l'admettre, car s'il en était autrement, le contrôleur serait dépourvu de tout moyen de preuves, puisque, d'une part, cette rectification d'office échappe à l'appréciation de la Commission consultative et que, d'autre part, le contribuable a refusé de fournir des justifications.

Indépendamment de ces arguments, il est certain que le législateur n'a pas eu l'intention de faire à des contribuables qui refusent de répondre une situation préférable à celle des contribuables qui fournissent des justifications mais d'une manière insuffisante (5); or, il en serait ainsi si l'on n'admettait pas ce renversement de la preuve.

Le contribuable taxé ou rectifié d'office doit donc prouver l'exagération de l'évaluation administrative, s'il veut on obtenir la diminution. Mais il ne faut pas oublier qu'avant d'examiner les preuves fournies par le réclamant, le juge doit se prononcer sur l'opportunité et la légitimité de cette taxation d'office, car le contrôleur jouirait d'un pouvoir véritablement arbitraire s'il lui appartenait, et à lui seul, d'apprécier l'oppor-

---

(1) *Bull. Dup.* 1923, p. 103.
(2) C. E., 12 avril 1922. *Leb.*, p. 374, 2ᵉ esp. — C. E., 20 avril 1923, *Leb.*, p 348, 7ᵉ esp
(3) L. 4 avril 1926, art. 10. — D. C., art. 13.
(4) Circ. 25 sept. 1926, n° 1472.
(5) Dans ce cas la Commission consultative est appelée à intervenir et peut leur donner tort.

tunité d'une taxation, dont les conséquences peuvent être très défavorables pour le contribuable.

En présence d'une réclamation, le juge se substitue donc au contrôleur et vérifie l'appréciation de celui-ci, pour décider ensuite si, en *droit* et en *fait*, il était fondé à taxer d'office (1).

Dans un récent arrêt du Conseil d'État (2), nous voyons, en effet, le juge examiner les éclaircissements fournis par le contribuable au cours de la procédure administrative et décider que le contrôleur n'était pas fondé à taxer d'office car les éclaircissements avaient été assimilés à tort à un refus de répondre.

Lorsque la légitimité de la taxation a été reconnue, c'est alors qu'il appartient au contribuable de démontrer au juge qu'il a été surtaxé; cependant, dans certains cas, l'Administration doit fournir une preuve préliminaire, c'est pourquoi nous distinguerons le renversement total de la preuve de ce que nous appellerons le renversement partiel.

1) *Renversement total de la preuve.*

Ce renversement total de la preuve est la conséquence normale de toute taxation d'office.

En présence du juge, l'Administration peut alors garder une attitude défensive, et le contribuable « ne saurait exiger d'elle la production des éléments qui ont servi de base à l'imposition, sous peine de modifier la situation des parties en présence » (3). La preuve entière est à la charge du réclamant qui doit apporter toutes les justifications de nature à renverser la présomption d'exactitude attachée à la taxation administrative et à faire la preuve de son revenu réel (4). Si, en matière d'impôts cédulaires, il suffit que ces justifications concernent le seul revenu cédulaire établi d'office, au contraire, le Conseil d'État a précisé que, lorsqu'il s'agissait de l'impôt général, les justifications ne devaient pas être limitées à une seule catégorie de revenus, car si le réclamant se borne à fournir un inventaire de ses opérations indus-

---

(1) *Supra,* p. 26.
(2) C. E., 8 juill. 1927. S., 27, III, 151.
(3) R. M. *J. O.,* 27 févr. 1924. Déb. parl. Ch., p. 177.
(4) C. E., 20 janv. 1922. Leb., p. 62. — 18 janv. 1924. Leb., p. 68. — 20 avril 1923 Leb., p. 348, 7ᵉ esp.

trielles sans apporter d'éléments de vérification relatifs à ses autres sources de revenu, il n'est pas fondé à soutenir qu'il a été taxé à tort (1).

D'autre part, si le contribuable qui souscrit une déclaration pour l'impôt général a le droit d'évaluer les revenus, déjà assujettis à un impôt cédulaire, d'après les règles forfaitaires prévues pour cet impôt, nous avons vu (2) que le contrôleur, qui taxe d'office, n'est pas tenu de prendre ces forfaits pour base de sa taxation et à plus forte raison le Conseil d'État a reconnu que le contribuable, qui réclamait contre cette taxation, ne pouvait se contenter d'indiquer le revenu forfaitaire qui avait servi de base à l'impôt cédulaire, mais devait apporter toutes les justifications de nature à faire la preuve de son revenu réel (3).

Il faut encore rechercher si le contribuable qui réclame contre une taxation d'office est fondé à invoquer les déductions, pour charges de famille ou pour intérêts de dettes, auxquelles il a droit (4)?

L'Administration reconnaît que le réclamant peut faire état devant le juge des déductions pour charges de famille auxquelles il a droit (5); par contre, elle prétend que les déductions pour intérêts de dettes, arrérages, etc..., sont des avantages réservés à l'imposition sur déclaration (6).

Contre cette dernière interprétation, on peut invoquer cependant que, d'après l'article 19 de la loi du 15 juillet 1914, le juge doit s'en tenir au revenu net prouvé par le contribuable; or, un revenu net implique la déduction de certaines charges qui ont servi à l'acquérir; d'autre part, ce droit, de demander déduction de dettes et arrérages dans une réclamation, peut se déduire d'un arrêt du Conseil d'État. Si, dans l'espèce envisagée, la réclamation a été rejetée parce que trop tardive, le juge déclare cependant que, pour avoir droit à la déduction

---

(1) C. E. : 7 avril 1922. Leb., p. 346, 11e esp. — 8 mai 1925. Leb., p. 443, 2e esp. — 30 mai 1924. Leb. p. 315, 9e esp. — 12 janv. 1923, Leb., p. 36. — 3 nov. 1922. *Gaz. Pal.*, 24 déc. 1922. — 9 mars 1923. Leb., p. 232, 6e esp.

(2) *Supra*, p. 131, note 1.

(3) C. E., 8 juin 1923. Leb., p. 466, 6e esp. — C. E., 13 janv. 1928 Sem jurid. 1928, p. 399.

(4) *Supra*, p. 92.

(5) I. 1918, art. 150.

(6) L. 15 juill. 1914, art. 16 (§ 3.)

de dettes, il faut les indiquer dans la déclaration ou, si cela n'a pas été fait, dans la réclamation *contre la taxation d'office* (1).

2) *Renversement partiel de la preuve.*

Si le renversement total de la preuve est la conséquence normale de la taxation d'office, dans certaines hypothèses, il appartient à l'Administration de fournir une preuve préliminaire qui justifie cette taxation.

Ainsi, le contrôleur peut imposer d'office une personne qui n'a pas fourni de déclaration, mais au cas de réclamation contre cette taxation d'office, c'est à l'Administration de justifier que ladite personne a joui d'un revenu d'au moins 7.000 francs; cette preuve une fois établie, c'est au réclamant de prouver l'exagération de l'évaluation administrative (2).

De même, lorsque l'Administration a taxé d'office à la suite d'une déclaration négative (3), c'est à elle de renverser la présomption d'exactitude attachée à cette déclaration négative en prouvant que le contribuable a joui du minimum imposable, même après déduction des seules dettes et charges pour lesquelles il a fourni des justifications suffisantes (4).

Enfin, depuis que la loi du 13 juillet 1925 (art. 16) a organisé le contrôle par les signes extérieurs dans l'impôt général (5), le contrôleur qui taxe d'office doit avoir réuni des éléments précis sur les dépenses du contribuable et il doit justifier devant le juge de ces éléments précis avant que le contribuable, qui réclame, ne soit tenu de fournir la preuve de son revenu réel.

---

(1) C. E., 26 janv. 1923. Leb., p. 91, 12ᵉ esp.

(2) Déc. 30 déc. 1926, art. 6. — Circ. 2 avril 1918.

(3) Cette déclaration négative peut être de deux sortes :

1º Le contribuable qui, au cours de l'année précédente, a été inscrit au rôle des impôts cédulaires pour un total de revenus de 1.500 francs au moins ou qui a encaissé 1.500 francs au moins de revenus de valeurs mobilières, doit déclarer qu'il n'est pas imposable. (D. C. art. 89.)

2º Le contribuable dont le revenu est supérieur à 7.000 francs doit déclarer que, par suite de déductions, il n'est pas imposable.

(4) I. 1918, art. 192. — C. E., 9 mars 1923. Leb., p. 232, 6ᵉ esp.

(5) *Supra*, p. 48.

CHAPITRE III

LE POUVOIR DE MAJORER L'IMPOSITION

Il nous faut terminer l'étude des sanctions du contrôle par l'examen de ce dernier pouvoir du fisc : Le pouvoir d'assujettir les contribuables à un régime d'imposition plus sévère.

Alors que le pouvoir de rectification était l'aboutissement normal de la procédure de contrôle, que le pouvoir de taxation d'office permettait d'imposer unilatéralement les contribuables qui voulaient se soustraire à leurs obligations, ce pouvoir d'assujettir les contribuables à un régime d'imposition plus sévère constitue une véritable *sanction* à l'égard des contribuables fautifs.

La nécessité de ce pouvoir de sanction proprement dit est évidente, car lorsque les fraudes sont sévèrement réprimées, la crainte des sanctions en restreint le nombre. Mais comment fonctionne-t-il dans notre système fiscal actuel? C'est ce qu'il nous faut approfondir.

Iʳᵉ Section. — CARACTÈRE ET NATURE DU POUVOIR DE MAJORER LES IMPOSITIONS

Le droit de majorer les impositions des contribuables fautifs appartient au contrôleur, au cours de la procédure administrative du contrôle; en effet, lorsque le contrôleur a découvert quelque absence ou insuffisance de déclaration, il peut, non seulement la rectifier ou taxer d'office suivant les cas, mais il a encore le pouvoir de faire subir à l'imposition certaines majorations dans la mesure où le législateur lui en a reconnu le droit.

Ce pouvoir de majoration est une prérogative du contrôleur au même titre que ses pouvoirs de contrôle, de rectification ou de taxation, car il jouit des mêmes pouvoirs discrétionnaires lorsqu'il apprécie l'opportunité d'une majoration que lorsqu'il décide de taxer ou de rectifier; et il s'en suit que les majorations d'impôts, doubles droits et droits en sus, apparaissent comme la suite directe ou la manifestation dernière de ses pouvoirs de contrôle; ce qui nous permet de les distinguer des amendes infligées par les tribunaux, les unes étant fiscales et les autres pénales.

En effet, au cas de récidive ou de manœuvre frauduleuse en matière fiscale (1), le juge a le pouvoir d'infliger lui-même certaines amendes qui sont alors véritablement pénales; l'Administration n'intervient en rien, elle se borne à saisir le juge de l'affaire.

Au contraire, les majorations d'impôts, doubles droits et droits en sus ont été infligés par le contrôleur et lorsque le juge est appelé à se prononcer sur la légalité ou l'opportunité d'une de ces sanctions, il fait figure de « supérieur hiérarchique » (2) et son intervention n'a pas pour effet de dénaturer les majorations qui restent des sanctions fiscales (3). En cette matière, bien qu'il statue en dernier ressort et en tant que supérieur hiérarchique, le juge ne jouit pas des pouvoirs du contrôleur, ainsi il ne peut faire remise de ces majorations si les circonstances lui paraissent nécessiter cette solution bienveillante. C'est à l'Administration et à elle seule qu'il appartient d'accorder une réduction en vertu de son souverain pouvoir de remise; le juge ne peut que le lui suggérer (4).

Avec ces sanctions fiscales, qui seules nous retiendront dans cette étude, nous nous trouvons donc en présence de sanctions pourvues de caractères propres qui découlent des pouvoirs de puissance publique conférés au contrôleur.

Il en résulte qu'elles conservent tous les caractères des perceptions fiscales dont elles sont une simple majoration. Elles gardent le nom de majoration, double droit ou droit en sus ainsi que leur caractère de réparation du préjudice causé; elles s'ajoutent au montant de l'impôt et sont recouvrées en même

---

(1) L. 25 juin 1920, art. 112.; L. 22 mars 1924, art. 52.
(2) C. E., 7 janv. 1927. *D. P.*, 27, III, 25 et la note de M. Trotabas.
(3) C. E., 24 févr. 1922. *D. P.*, 22, III, 41.
(4) Jug. trib. de la Seine 7 janv. 1927. Sem. jur., 1927, p..255.

temps et selon les mêmes règles. Ainsi qu'il ressort de la jurisprudence du Conseil d'État : « Ces sanctions font partie des mesures destinées à garantir le recouvrement des impôts et gardent un caractère fiscal puisqu'elles dérivent d'un pouvoir fiscal et non pas d'un pouvoir juridictionnel (1). »

Puisque ces majorations sont une simple aggravation de l'impôt, elles pourront donc être déduites du revenu global aussi bien que le montant d'un impôt et elles pourront également être réduites en raison des charges de famille (2).

Enfin, d'autres conséquences inadmissibles pour des amendes pénales découlent tout naturellement de leur caractère fiscal. Ainsi, ces majorations vont grever le patrimoine de l'assujetti et constituer une dette à la charge des héritiers comme de leur auteur, tandis qu'en droit pénal, aucune amende ne peut être infligée à un défunt (3).

De même, ces amendes fiscales pourront se cumuler, alors qu'en droit pénal, le non-cumul des peines est la règle (4).

Enfin, puisqu'elles sont une prérogative du pouvoir fiscal, elles pourront faire l'objet de remise gracieuse de la part de l'Administration des Finances (5).

Maintenant que nous en connaissons la nature, apprécions les différentes manifestations de ce pouvoir de majorer les impositions.

IIe Section. — **CONDITIONS D'APPLICATION DES DIVERSES MAJORATIONS**

Le pouvoir de majorer les impositions se manifeste pour sanctionner tantôt l'absence de déclaration, tantôt l'insuffisance du revenu déclaré ; mais, suivant qu'il s'agit de l'une ou de l'autre, le taux et les conditions d'application diffèrent, ce qui nous oblige à les étudier séparément.

---

(1) C. E., 23 févr. 1923, Leb., p. 184, 7e esp.
(2) En ce sens, ALLIX et LECERCLÉ, *op. cit.*, t. II. p. 251.
(3) Déc. 11 janv. 1917, art. 11.— C. E., 24 févr. 1922. *D. P.* 22, III, 41. — C. E., 25 juill. 1924. *D. P.* 25, III, 14. — C. E., 12 janv. 1923. *S.* 23, III, 24.
(4) C. E. 5 janv. 1924. *D. H.* 1924, p. 130. — 27 déc. 1918. *D. P.* 20, III, 44.
(5) Déc. 9 sept. 1923.

I. — Majorations pour absence de déclaration

A propos de ces majorations pour absence, il faut distinguer, d'une part les conditions requises pour leur application et d'autre part les différents cas prévus par le législateur.

A) Conditions d'application.

Le contrôleur a le droit de majorer l'imposition, lorsqu'il y a absence de déclaration. Le fait même de l'absence suffit à légitimer l'application d'une majoration et cette sanction est maintenue même lorsque le contribuable peut prouver sa bonne foi.

La déclaration tardive doit être assimilée à l'absence totale, car ce que la loi sanctionne, c'est l'*absence de déclaration dans les délais prévus* (1).

B) Cas d'application.

a) *Impôt général.* — Du temps où la déclaration était facultative, son absence n'était pas sanctionnée, mais depuis que la loi du 30 décembre 1916 a rendu la déclaration obligatoire, en son absence, le contrôleur peut majorer le montant de l'impôt de 10 %, majoration qui fut portée à 25 % par la loi du 4 avril 1926.

Depuis cette loi de 1926, la déclaration doit être renouvelée tous les ans, ce qui permet au contrôleur d'appliquer la majoration pour absence lorsque la déclaration de l'année précédente n'est pas renouvelée. Cette loi a mis fin à la discussion qui s'élevait sur le point de savoir s'il fallait appliquer les majorations prévues pour l'absence ou les majorations prévues pour l'insuffisance, lorsque la déclaration n'avait pas été renouvelée et lorsque le contrôleur estimait le revenu actuel supérieur au revenu de l'ancienne déclaration. Il y avait intérêt à distinguer, car, par une anomalie étonnante, l'insuffisance est sanctionnée plus sévèrement que l'absence.

---

(1) L. 15 juill. 1914, art. 18.

L'article 16 de la loi du 15 juillet 1914 était ainsi conçu :
« Le contribuable qui ne renouvelle pas sa déclaration est considéré comme ayant maintenu sa déclaration précédente. » C'était
donc la pénalité pour insuffisance qui strictement aurait dû
être appliquée, cependant l'Administration avait recommandé
à ses agents (1) d'avertir le contribuable de la rectification pro-
bable, et s'il résultait des explications du contribuable qu'il
avait entendu maintenir son ancienne déclaration, la majoration pour insuffisance serait appliquée, tandis que si c'était
une simple omission de sa part, il y aurait lieu d'appliquer la
majoration pour absence.

b) Cédule des *bénéfices industriels et commerciaux.* — Sous
l'empire de la loi du 31 juillet 1917 (art. 9), l'impôt était majoré
de 10 % lorsque l'assujetti, dont le chiffre d'affaires était supérieur à 50.000 francs, ne l'avait pas déclaré spontanément.

De plus, d'après la loi du 25 juin 1920 (art. 3), lorsque le chiffre
d'affaires n'avait pas été déclaré sur invitation du contrôleur,
l'imposition était majorée de 50 %. Ces pénalités de caractère
fiscal pouvaient être cumulées lorsqu'un contribuable astreint
à déclarer son chiffre d'affaires ne l'avait pas produit spontanément et avait ensuite refusé de le produire sur invitation du
contrôleur (2).

Depuis la loi du 4 avril 1926, ces majorations ont été supprimées et désormais tous les contribuables, dont la déclaration
n'a pas été souscrite dans les délais, voient leur impôt majoré
de 25 %.

c) Cédule des *bénéfices des professions non commerciales.* —
L'absence de déclaration entraîne une majoration de 50 % de
l'impôt, mais le contrôleur doit au préalable inviter le contribuable à souscrire une déclaration dans les vingt jours.

II. — Majorations pour insuffisance

C'est au contrôleur qu'il appartient d'apprécier discrétionnairement s'il y a insuffisance du revenu déclaré, cependant il doit
respecter certaines règles relatives aux conditions et aux diffé-

---

(1) Note circulaire du 20 février 1922.
(2) *Supra*, p. 139. C. E., 27 déc. 1918. *D. P.*, 1920, III, 44.

rents cas d'application des majorations prévues pour sanctionner l'insuffisance d'une déclaration.

A) *Conditions d'application.*

L'insuffisance de la déclaration est la première condition requise pour l'application de ces majorations ; elle peut résulter, soit d'une déclaration inférieure au revenu ou au bénéfice réel du déclarant, soit de déductions effectuées mal à propos, soit d'une déclaration négative ; dans ce cas, les majorations pour absence ne peuvent être appliquées, car il y a véritablement insuffisance entre le minimum imposable et le revenu réel (1).

Mais il ne peut y avoir de pénalités pour insuffisance, lorsque le revenu a été fixé par l'Administration sans l'intervention du contribuable, ainsi que cela se présente au cas de taxation d'office.

Parmi les majorations applicables en cas d'insuffisance, il faut distinguer deux espèces de pénalités, car, établies par des lois différentes, elles diffèrent dans leurs conditions d'application.

a) Conditions requises pour l'application des pénalités prévues par les lois antérieures a 1926.

Pour l'application des pénalités prévues par les lois antérieures à 1926, il faut d'une part que l'insuffisance soit d'une certaine importance et d'autre part que le contribuable ne puisse établir sa bonne foi.

α) *Marge tolérée pour l'insuffisance.*

Dans le but de remédier aux erreurs involontaires commises par les contribuables dans l'appréciation de leurs revenus, le législateur a laissé une certaine marge à l'insuffisance du revenu déclaré avant de pénaliser. Ainsi, lorsque le revenu imposable n'est pas supérieur au revenu déclaré de plus d'un dixième ou,

---

(1) I. 1918, art. 201.

au *maximum* de plus de 20.000 francs (1), la majoration pour insuffisance ne peut être appliquée.

La loi du 15 juillet 1914 (art. 18) relative à l'impôt général avait toléré une insuffisance du dixième, sans en fixer le *maximum* à 20.000 francs, tandis que la loi du 31 juillet 1917 (art. 11 et 17) relative aux impôts cédulaires avait établi un maximum de 20.000 francs au delà duquel l'insuffisance serait pénalisée même si elle n'atteignait pas le dixième du revenu imposable.

Cette absence de *maximum* avantageait les gros contribuables, car la marge tolérée augmentait avec l'importance du revenu : ainsi, un contribuable dont le revenu était de 1 million pouvait déclarer 900.000 francs sans encourir de pénalités, il risquait simplement une rectification d'imposition; pour remédier à cet inconvénient, la loi du 13 juillet 1925 (art. 18) étendit à l'impôt général la disposition qui prévoyait une marge *maxima* de 20.000 francs pour l'insuffisance.

β) *Rôle de la bonne foi.*

Introduite, pour la première fois, dans le domaine fiscal à propos de la contribution extraordinaire sur les bénéfices de guerre (2), la notion de bonne foi ne tarda pas à apparaître dans nos impôts sur le revenu. Et l'on aurait pu croire que le fait de punir seulement les contribuables de mauvaise foi aurait transformé le caractère de certaines amendes fiscales qui auraient cessé d'être un simple *supplément d'impôt* pour se rapprocher des amendes pénales; mais en fait le Conseil d'État continua à reconnaître aux amendes fiscales le caractère d'une imposition supplémentaire.

C'est la loi de 1920 qui introduisit dans nos textes législatifs la notion de bonne foi; les textes sont formels (3) en ce qui concerne l'impôt général sur le revenu et l'impôt sur les bénéfices des professions non commerciales : l'imposition ne peut

---

(1) L'Administration admet que l'on calcule le 1/10e du revenu imposable avant d'effectuer les déductions pour charges de famille. I. 1918, art. 198; Circ. 29 août 1925.

(2) L. 1er juill. 1916, art. 13.

(3) L. 15 juill. 1914, art. 8 modifié par L. 31 juill. 1920, art. 2. D. C., art. 96. L. 15 juill. 1914, art. 37 modifié par L. 31 juill. 1920, art. 2. D. C, art. 63

être majorée pour insuffisance lorsque le contribuable établit sa bonne foi.

Même avant cette loi, l'Administration tenait compte de l'intention du déclarant, en sanctionnant seulement les insuffisances commises avec intention de dissimuler (1), et bien que la loi de 1920 ne concerne pas l'impôt sur les bénéfices industriels et commerciaux, il faut tenir compte dans cette cédule de l'intention du déclarant avant de majorer l'imposition : l'article 17 de la loi du 31 juillet 1917 déclarait, en effet, que l'impôt serait doublé sur la portion des *bénéfices dissimulés*, ce qui sous-entendait la mauvaise foi ; à l'appui de cette opinion on peut invoquer les travaux parlementaires, car ils spécifient que les majorations ont pour but de punir « les dissimulations ou renseignements volontairement erronés » (2), et l'Instruction du 30 mars 1918 qui déclare que le contrôleur doit majorer seulement les impositions dont les inexactitudes autorisent à suspecter la sincérité du contribuable.

Avant de majorer l'imposition, le contrôleur doit donc apprécier l'intention du déclarant, mais la bonne foi s'interprète d'une façon particulière en matière fiscale : Si en droit civil la bonne foi est toujours présumée (3) puisqu'il appartient à celui qui allègue la mauvaise foi de la prouver, en droit fiscal au contraire la mauvaise foi est présumée chez le contribuable, car son imposition est majorée lorsqu'il ne peut prouver sa bonne foi (4).

Pour guider le contrôleur dans cette appréciation de l'intention du déclarant, l'Administration lui a donné quelques directives (5). Ainsi il faut distinguer suivant que le contribuable invoque une erreur de droit ou une erreur de fait :

Étant donnés, d'une part, le nombre et l'obscurité de nos textes législatifs en matière fiscale et, d'autre part, leur date récente qui n'a pas encore permis à la jurisprudence de se fixer d'une façon certaine, le contrôleur doit se montrer très bienveillant lorsque le contribuable invoque une erreur de droit due à une insuffisante compréhension des dispositions fiscales. Au contraire, le contrôleur doit se montrer plus sévère vis-à-vis

(1) I. 1918, art. 198 à 200.
(2) *J. O.*, 31 juill. 1917. Déb. parl., p. 797.
(3) Code civil, art. 2268.
(4) C. E., 18 janv. 1924. Leb., p. 68, 9ᵉ esp. — C. E., 15 juin 1923. Leb., p. 490, 3ᵉ esp.
(5) I. 1918, art. 199 et 200.

des erreurs de fait, car s'il a pu découvrir l'insuffisance, à plus forte raison ne devait-elle pas échapper au contribuable plus au courant de ses affaires.

L'Administration prévoit certaines hypothèses où la bonne foi du contribuable peut être présumée : ainsi est présumée de bonne foi le contribuable qui ayant des doutes sur la manière d'évaluer son revenu a accompagné sa déclaration de l'indication des recettes ou des dépenses au sujet desquelles il croit ses prétentions en désaccord avec la doctrine administrative, de même s'il a pris l'initiative de rectifier sa déclaration déjà souscrite (1); enfin, le contribuable qui a acquiescé à une rectification de sa déclaration peut être exonéré de majorations, mais, ainsi que le fait remarquer l'Administration, seulement s'il apparaît qu'il n'avait pas agi avec intention de dissimuler son revenu (2).

S'il appartient au contrôleur d'apprécier la bonne foi du déclarant, le contribuable peut faire reviser cette appréciation par le juge qui se prononce en dernier ressort et interprète l'intention du contribuable non pas d'une façon subjective, mais au contraire d'une manière objective ainsi que le prouve un arrêt du Conseil d'État rendu en matière de bénéfices de guerre (3).

b) Conditions requises pour l'application des pénalités prévues par la loi du 4 avril 1926

Cette loi de 1926 a prévu une majoration de 25 % applicable aux droits correspondant au revenu non déclaré à l'*impôt général*.

Mais, alors que les majorations établies par les lois antérieures ne devaient pas s'appliquer lorsque le contribuable pouvait démontrer sa bonne foi, le législateur a voulu que cette nouvelle majoration sanctionne la simple négligence, aussi doit-elle s'appliquer *ipso facto* lorsque l'insuffisance est constatée. Il faut cependant que l'insuffisance soit d'au moins un dixième du revenu, mais le *minimum* de 20.000 francs à partir duquel la majoration

---

(1) En sens contraire, R. M., n° 3012. *J. O.*, Déb. parl. Ch., 3 mai 1925, p. 2357.

(2) C. E., 30 déc. 1927. *Rec. quest., fisc.*, 1928, p. 66.

(3) C. E., 7 août 1920. Leb., p. 863, 4e esp. — Le Conseil d'État a déclaré que l'écart existant entre le chiffre déclaré par le sieur L... et le chiffre adopté par la Commission était trop considérable pour que l'excuse tirée de la bonne foi du requérant pût être regardée comme établie.

est due, même lorsque l'insuffisance n'atteint pas le dixième du revenu, n'a pas été prévue en ce qui concerne cette majoration de 25 %.

B) *Cas d'application*

Ces majorations s'appliquent aux insuffisances relevées dans tous nos impôts basés sur une déclaration, mais d'une manière différente.

a) *Impôt général.* — Lorsque le contrôleur a relevé une inexactitude du dixième du revenu imposable ou d'au moins 20.000 francs, il impose un quadruple droit en sus du droit normal sur la fraction relative au revenu non déclaré si le contribuable ne justifie pas de sa bonne foi (1).

Lorsque le contribuable peut justifier de sa bonne foi, l'impôt est cependant majoré de 25 % des droits correspondants au revenu non déclaré (2).

b) Cédule des *bénéfices industriels et commerciaux.* — La loi du 31 juillet 1917 (art. 11) prévoyait que si les renseignements fournis sur le bénéfice réel ou sur le chiffre d'affaires étaient inexacts, le droit afférent à la portion relative aux bénéfices dissimulés était doublé si elle dépassait un dixième du revenu imposable ou était supérieure à 20.000 francs, mais seulement lorsque le contribuable ne pouvait prouver sa bonne foi (3).

Depuis la loi du 4 avril 1926, cette majoration ne s'applique plus qu'aux contribuables dont le bénéfice dépasse 50.000 francs puisque seuls ils doivent fournir des justifications.

c) Cédule des *bénéfices des professions non commerciales.* — Lorsque le contrôleur a relevé une inexactitude égale au dixième du bénéfice imposable ou d'au moins 20.000 francs, il applique un quadruple droit (4) en sus du droit normal sur la fraction relative au revenu non déclaré, si le contribuable ne peut prouver sa bonne foi.

---

(1) L. 15 juill. 1914, art. 18. D. C., art. 95.

(2) L. 4 avril 1926, art. 4. D. C., art. 95.

(3) C. E., 23 févr. 1923. Leb., p. 180, 2e esp.

(4) Notons pour mémoire que d'après la loi du 25 juin 1920 (art. 110) toutes les majortions de droits applicables pour défaut ou insuffisance de déclaration en matière d'impôt général ou cédulaire devaient supporter deux décimes et demi en plus; ce qui portait les majorations de 10 % à 12 %, de 50 % à 62,50 %, de 400 % à 500 %. Cette disposition a été supprimée par la loi du 4 avril 1926.

CONCLUSION

Au cours de notre introduction, nous avons pu constater qu'il
était impossible de concevoir un système d'impôts basé sur la
déclaration, sans prévoir en même temps certains moyens de
contrôle. Maintenant que nous les connaissons, nous pouvons
apprécier les différentes manifestations de ce contrôle fiscal.

Certes, il est d'usage de protester avec véhémence contre
« l'inquisition fiscale »; toutefois, il ne faut pas se laisser impres-
sionner par de grands mots et il convient de rechercher si ce
contrôle du fisc est véritablement exagéré.

Il faut commencer par en reconnaître la justice, car lorsque
certains contribuables se dérobent à leur devoir fiscal, l'État
doit augmenter le taux et le nombre des impôts, ce qui aboutit
pratiquement à faire supporter par les contribuables honnêtes
la carence des fraudeurs.

Le contrôle s'impose donc parce que nécessaire, mais encore
faut-il qu'il soit efficace et pour répondre à ce but une certaine
inquisition est inévitable : Comment contrôler les bénéfices
industriels et commerciaux si l'on ne peut vérifier les comptabilités? Comment apprécier la sincérité d'un contribuable si
l'on ne peut lui demander de justifier ses affirmations?

Cependant, bien que nécessaire, cette intrusion du fisc révolte
beaucoup de contribuables qui ne peuvent souffrir de le voir s'im-
miscer dans leurs affaires, dont le secret leur paraît sacré.

Toutefois, il est curieux de constater que certaines inquisitions
sont passées à l'état d'habitude : ainsi, il semble normal de se
soumettre aux exigences de l'autorité militaire lorsqu'elle examine minutieusement les capacités de chacun au point de vue
physique. Il est devenu courant de déclarer une paternité ou
une maternité illégitime et l'on ne craint même pas d'initier
tout le monde à ses brouilles de ménage en demandant séparation de corps ou divorce, etc..., tandis qu'il paraît exorbitant
de donner au contrôleur quelques précisions sur la marche de

ses affaires, alors que les renseignements ainsi communiqués, devront être gardés secrets.

Dès lors, ne faut-il pas convenir que cette crainte du contrôle provient de la peur éprouvée par certains à la pensée que leurs fraudes seront découvertes? Il faut reconnaître cependant que cette intrusion du fisc est supportée à contre-cœur, même par les contribuables qui accomplissent leur devoir, car il est toujours désagréable de déchirer le voile de sa vie privée devant un tiers, même lorsque ce tiers est astreint au secret professionnel. Cette méfiance que l'on éprouve vis-à-vis du contrôleur est facilement explicable, car l'ancien système des « quatre vieilles » ne nous avait pas habitués à intervenir dans l'établissement de nos impôts. Dans ce nouveau système fiscal basé sur la collaboration des contribuables, il faut éduquer le contribuable et l'habituer à considérer le contrôle moins comme un acte vexatoire que comme la garantie d'une équitable répartition de l'impôt.

Lorsqu'il s'agit de l'impôt du sang, bien autrement lourd, l'on n'admet pas que chacun se reconnaisse apte ou non pour le service; le contrôle est rigoureux et les « embusqués » traités de dure façon; l'assurance que personne n'échappera à son devoir n'est certes pas étrangère à l'ardeur de beaucoup. Pourquoi en serait-il autrement lorsqu'il s'agit du devoir fiscal? Pourquoi dans cette sphère la fraude est-elle si répandue, sinon parce que chacun craint d'être plus imposé que ses concitoyens? Les Français rempliraient de meilleur cœur les caisses de l'État s'ils avaient la certitude d'une complète égalité devant l'impôt.

Si nous reconnaissons la nécessité et la justice du contrôle, loin de nous cependant l'idée de livrer au fisc le contribuable pieds et poings liés : il serait trop tentant pour l'Administration d'abuser.

Bien au contraire, nous estimons que le contribuable doit jouir de solides garanties lui permettant d'échapper à « l'arbitraire du fisc ».

En ce sens, nous nous sommes efforcés de faire ressortir l'importance du recours contentieux en tant que garantie du contribuable et contrepoids des pouvoirs du fisc, et nous avons vu que le juge examinait non seulement la légalité externe des actes du contrôleur, mais encore leur moralité.

Il faut rechercher cependant si ce droit de réclamation offre des garanties suffisantes quant à la juridiction compétente et quant à la procédure employée :

Une juridiction administrative est-elle qualifiée pour se prononcer sur les désaccords entre l'Administration et le contribuable? Ou un tribunal judiciaire n'offrirait-il pas plus de garanties? Telle est la question qui se pose tout d'abord.

En droit, le tribunal administratif paraît très qualifié pour résoudre ce genre de conflit car, ainsi que le déclare M. Hauriou : « Ce n'est pas une chose tout à fait naturelle que l'État, puissance publique, soumette à un juge ceux de ses actes contre lesquels on réclame; qu'il consente à courir le risque d'une condamnation et qu'il supporte ensuite d'exécuter cette condamnation; il y a là, de la part de l'État, un effort de bonne volonté qui sera facilité si, au lieu du juge ordinaire, il s'agit d'un juge spécial, surtout si, par quelque attache, ce juge lui appartient (1). »

Toutefois, il ne faudrait pas que le contribuable soit sacrifié, et il y aurait danger pour lui si la séparation n'était pas nettement réalisée entre les autorités administratives prenant les décisions et les juridictions administratives appelées à les contrôler; mais la séparation qui existe entre le personnel « actif », le personnel « consultatif » et le personnel « juridictionnel » est suffisamment tranchée, pour que le contribuable soit à l'abri de la partialité du juge.

En fait, il faut même remarquer qu'à l'égard des contribuables, les tribunaux judiciaires se montrent plus rigoureux, car lorsqu'ils contrôlent la puissance publique, ils ne se reconnaissent pas qualité pour faire des concessions : bien au contraire, déclare M. Hauriou, ils poussent à l'excès les prérogatives de l'Administration, ainsi que le prouve « l'esprit de fiscalité » de la Cour de Cassation en matière de droits d'enregistrement (2). Et il est bien certain qu'un tribunal judiciaire ne pourrait exercer le contrôle de l'Administration mieux que ne le fait actuellement le Conseil d'État.

Ce contrôle des tribunaux administratifs présente donc des avantages et pour le contribuable et pour l'Administration; le juge administratif, en effet, ne craint pas de relever les erreurs

---

(1) HAURIOU, *op. cit.*, 11e édit., p. 943.
(2) *Ibid.*

de l'Administration et cette dernière le respecte. Mais la procédure de réclamation présente-t-elle toutes les garanties désirables? C'est ce qu'il nous faut apprécier maintenant.

Jusqu'à présent, la procédure de réclamation était considérée comme un pis aller; les contribuables redoutaient la longueur des formalités et des délais, car l'ouverture de cette procédure n'était pas suspensive du paiement de l'impôt, mais ce régime vient d'être amélioré (1).

Auparavant, toutes les réclamations devaient être adressées à la préfecture, tandis qu'à partir du 1ᵉʳ juillet 1928, elles seront envoyées *directement* à la Direction des Contributions directes et le directeur devra statuer dans un *délai de six mois* ; cette décision pourra être portée devant le Conseil de préfecture puis, en appel, devant le Conseil d'État, et si, auparavant, l'impôt était toujours exigible, désormais, lorsque le contribuable contestera le bien fondé ou la quotité de son imposition, il pourra surseoir au paiement de la partie contestée, à la condition de réclamer ce sursis dans la demande introductive d'instance et de constituer des garanties propres à assurer le recouvrement de l'impôt différé (2). Tant qu'une décision n'aura pas déclaré les garanties insuffisantes, les agents du trésor ne pourront poursuivre.

La procédure se trouve donc accélérée et simplifiée : du fait que, d'une part, il n'est plus nécessaire de déposer les réclamations à la préfecture et que, d'autre part, la décision du directeur, exécutoire aussitôt, doit être rendue dans un délai déterminé; enfin, le caractère, suspensif de toute réclamation introductive d'instance, constitue une réforme appréciable, car il était injuste que le contribuable supportât les conséquences d'une erreur administrative. M. Taittinger citait, en effet, le cas d'un commerçant obligé de verser 72.000 francs, alors que son impôt s'élevait en fait à 7.200 francs, ce versement avait été préjudiciable à la marche de ses affaires et en définitive cette simple erreur de l'Administration lui avait causé une perte de 30.000 francs, conséquence véritablement inadmissible (3).

---

(1) L. 27 déc. 1927, art. 11, 12, 13 (en projet depuis 1925, projet de budget de 1925, art. 31 et 38).

(2) L. 27 déc. 1927, art. 15 et Déc. 15 mars 1928, Sem. Jur. 1928, p. 388.

(3) Proposition de loi du 3 nov. 1927.

S'il est indispensable de laisser au contribuable la faculté de faire réviser par un juge l'appréciation administrative, il est non moins utile de lui donner quelques garanties au cours de la procédure administrative de contrôle. Il est souhaitable, en effet, que contrôleurs et controlés puissent le plus souvent tomber d'accord sans recourir au juge.

En ce sens, il faut noter la récente création des commissions consultatives composées en majeure partie de contribuables et appelées à se prononcer sur les litiges entre contrôleurs et contrôlés, réforme susceptible de rendre de grands services, car elle constitue un tempérament aux pouvoirs du contrôleur qui, malgré toute sa bonne volonté, ne peut avoir la compétence d'un homme d'affaires.

Une autre garantie résulte de la présomption d'exactitude attachée à la déclaration, mais, ainsi que nous l'avons vu, elle a été souvent supprimée au profit du contrôle (1). Enfin, il faut encore citer la règle du secret professionnel qui préserve les contribuables de toutes indiscrétions (2).

Mais il ne suffit pas de reconnaître la nécessité de certaines garanties, il faut encore pouvoir les obtenir; or, à notre époque où les faveurs de la loi vont aux collectivités ,le *syndicat de contribuables* nous paraît le moyen le plus sûr pour atteindre ce but.

Les fonctionnaires des contributions directes ont déjà donné l'exemple en se syndiquant pour faire triompher leurs revendications professionnelles et pour obtenir une législation fiscale cohérente : aux contribuables de les imiter à leur tour.

M. Poincaré n'a-t-il pas déclaré, à la Chambre des Députés, le 12 juillet 1927, que les contribuables avaient le tort de ne pas être syndiqués et M. Lesaché, député, s'est exprimé en ces termes à la tribune du Parlement :

« Convaincu que, tant que l'esprit individualiste persistera, on n'arrivera à rien, nous ne protégerons plus l'isolé, cela ne conduirait à rien. Ceux qui ne sentent pas encore le besoin de la cohésion et qui croient que tout seuls, sans union, ils arriveront à quelque chose, sont des utopistes; de ceux-là, nous ne nous

---

(1) *Supra*, p. 17 et suivantes.
(2) Il faut noter cependant une atteinte à cette règle en ce qui concerne la publicité à la mairie des listes de contribuables, L. 4 avril 1926, art. 5.

occuperons plus, nous réserverons les faveurs de la loi aux syndicats. »

. Voilà certes une déclaration explicite, il appartient aux contribuables d'agir en conséquence, car si les syndicats de contribuables existent déjà, ils groupent encore trop peu de membres pour obtenir des résultats efficaces.

L'action de ces syndicats pourrait se manifester de façon diverses (1) : D'une part, ils pourraient envoyer au Parlement des hommes qui, soucieux de l'ordre et des deniers publics, imposeraient à l'État une meilleure gestion des fonds publics et réaliseraient des économies, ce qui permettrait de réduire le taux de l'impôt; car, ainsi que le dit M. Allix : « Il ne faut pas se dissimuler que la meilleure garantie du rendement de l'impôt réside dans la modération de son taux; établi sur des bases solides, il verrait vraisemblablement accroître sa production (2). »

D'autre part, à la tête du syndicat, un comité d'études pourrait mettre au point des projets de réforme qu'il soumettrait au Gouvernement. Enfin, lorsque les contribuables n'osent entamer une procédure contentieuse, le syndicat pourrait agir, soit à leur place en vertu d'une délégation, soit en son nom propre pour obtenir une réparation du préjudice causé à l'intérêt collectif qu'il représente (3).

Devant ce nouvel état de choses, l'État ne pourrait rester indifférent, M. Poincaré l'a déclaré en termes formels (4) : « Le rôle de l'État ne peut être de s'enfermer dans ses préoccupations financières et de rester indifférent aux initiatives individuelles et collectives qui servent au rétablissement de la prospérité nationale. Il doit, au contraire, les faciliter et les encourager, il ne peut donc se refuser à corriger ce qui, dans le système fiscal, est de nature à entraver la production. J'ai dit à la Chambre, j'ai répété il y a huit jours à Bordeaux, je proclame encore ici

---

(1) Cf. *La C. G. C.*, organe de liaison entre les membres de la Confédération Générale des Contribuables, 21, rue Viète, Paris (7e).

(2) ALLIX et LECERCLÉ, *op. cit.*, t. II, p. 374.

(3) Voir sur cette compétence des collectivités pour ester en justice au nom de leurs membres, L. MICHOUD, *La Théorie de la Personnalité morale*, 2e édit. par L. Trotabas, t. II, n° 262 et 264 et C. P. Seine, 20 mai 1927, Sem. Jur., 1927, p. 877 : L'action d'une chambre syndicale est recevable, en tant que syndicat professionnel, à intervenir dans une instance relative à un litige d'ordre fiscal concernant un de ses membres.

(4) Discours prononcé par M. Poincaré à Carcassonne, le 1er avril 1928.

que les impôts votés en 1926, à une heure de péril public, sont loin d'être intangibles; à mesure que le permettra l'état du budget, il conviendra certainement de les remanier et même de les alléger. »

Notre législation actuelle contient, en effet, de graves défauts auxquels il est temps de porter remède. En terminant cette étude, nous ne pouvons mieux faire que de citer les paroles mêmes de M. Deligne, ancien directeur général de l'Enregistrement : « On a parlé du maquis de la fiscalité et on a eu raison. Le régime actuel doit être remanié complètement. Mettons-nous à l'ouvrage sans tarder. Aérons, codifions, simplifions cette législation terriblement touffue, ce véritable bric-à-brac de textes souvent illisibles, même pour nous qui sommes du métier et à plus forte raison pour le profane. Ah ! simplifions ces texte, et rendons-les tels qu'ils puissent être compris du premier coup; non seulement par ceux qui perçoivent, mais aussi par ceux qui paient. Il est cocasse, en effet, qu'un même texte ait pu être interprété de façon diamétralement opposée par une régie et par une autre (1)... »

Concluons donc : Puisque l'État admet le besoin d'une réforme fiscale et puisqu'il n'est pas hostile aux syndicats de contribuables, il faut souhaiter que de cette collaboration sorte une législation fiscale plus simple et plus claire qui, sans nuire à l'équilibre budgétaire et à l'économie nationale, accorde à l'Administration des pouvoirs de contrôle efficaces, tout en préservant le contribuable de l'arbitraire.

---

(1) L'*Écho de Paris* du 14 mai 1928.

Vu : Nancy, le 2 mai 1928.
Le Doyen,
L. MICHON.

Vu : Nancy, 25 avril 1928.
Le Président de la Thèse.
H. LALOUEL.

Vu et permis d'imprimer :
Nancy, le 3 mai 1928.
Le Recteur de l'Académie,
Président du Conseil de l'Université,
Ch. ADAM,
Membre de l'Institut.

BIBLIOGRAPHIE

ALIBERT (R.). — Le Contrôle juridictionnel de l'Administration au moyen du Recours pour Excès de Pouvoir. In-8, 1926. *Payot.*

ALLIX (E.). — Traité élémentaire de Science des Finances et de Législation financière française. 5e édit., in-8, 1927. *Rousseau.*

ALLIX (E.) et LECERCLÉ (M.). — L'Impôt sur le Revenu. 2 vol. in-8, 1926. *Rousseau.*

ALLIX (E.) et LECERCLÉ (M.). — L'Impôt sur le Revenu, Les Nouvelles Dispositions législatives. In-8, 1927. *Rousseau.*

BESSON (E.). — Traité pratique des Impôts cédulaires et de l'Impôt général sur le Revenu. 4e édit., in-8, 1927. *Dalloz.*

BINET (P.). — Les Grands Problèmes juridiques de l'Impôt sur le Revenu. In-8, 1926. *Librairie Dupont.*

BOCQUET (L.). — L'Impôt sur le Revenu cédulaire et général. 3e édit., in-8, 1926. *Sirey.*

BOCQUET (L.). — L'Impôt sur le Revenu cédulaire et général, supplément. In-8, 1927. *Sirey.*

BORIE (E.). — L'Introduction du Forfait dans les Impôts sur le Revenu. *Thèse Paris*, in-8, 1923. *Librairie générale de droit et de jurisprudence.*

BOULANGER (G.). — La Déclaration contrôlée dans le nouveau Système d'Impôt direct français. *Thèse Lille*, in-8, 1923. *Robbé, Lille.*

CHAMPION (R.). — Le Contrôle en matière de Contributions directes en France. *Thèse Paris*, in-8, 1926. *Rivière.*

CHOTARD (A.). — Les Impôts sur le Revenu et les Fraudes fiscales. *Thèse Paris*, in-8, 1925.

COUDERC (J.). — L'Évasion fiscale des Valeurs mobilières devant l'Impôt général sur le Revenu. *Thèse Bordeaux*, in-8, 1923.

DUBLINEAU (E.). — Traité théorique et pratique de l'Enregistrement. 3e édit., in-8, 1924. *Privat, Toulouse.*

HAURIOU (M.). — Précis de Droit administratif et de Droit public. 11e édit., in-8, 1927. *Sirey.*

HUGOT (G.). — Le Rôle de la Déclaration en matière d'Impôts directs. *Thèse Paris*, in-8, 1910.

IMBERT (G.). — Le Contrôle de la Déclaration relative à l'Impôt général sur le Revenu. *Thèse Lyon*, in-8, 1924, *Dalloz.*

IMBRECQ (G.). — Traité de l'Impôt sur les Bénéfices industriels et commerciaux. In-8, 1926. *Librairie fiscale.*

IMBRECQ (G.). — Traité de l'Impôt général sur le Revenu. In-8, 1927. *Librairie fiscale.*

Jèze (G.). — Cours élémentaire de Science des Finances et de Législation financière française. 5e édit., in-8, 1912. *Giard et Brière.*

Jèze (G.). — Cours de Droit public. In-8, 1923. *Giard et Brière*

Lecerclé (M.). — L'Impôt cédulaire sur les Bénéfices industriels et commerciaux. *Thèse Paris*, in-8, 1922. *Imprimerie Nationale.*

Lescœur (C.). — Pourquoi et comment on fraude le Fisc. In-12, 7e édit., 1909. *Bloud.*

Michoud (L.). — La Théorie de la Personnalité morale. 2e édit., Trotabas, 2 vol. in-8, 1924. *Librairie générale de Droit et de Jurisprudence.*

Milhau (A.). — De la Déclaration du contribuable en matière d'Impôt général sur le revenu et d'Impôts cédulaires. *Thèse Paris*, in-8, 1923. *Rousseau.*

Puymaly (F. de). — Les Signes extérieurs et l'Impôt sur le revenu. *Thèse Bordeaux*, in-8, 1924. *Sirey.*

Renard (G.). — La Valeur de la Loi. In-8, 1928. *Sirey.*

Rosier (C.). — Traité théorique et pratique de Législation fiscale. In-8, 1926. *Librairie générale de Droit et de Jurisprudence.*

Sauvage (F.). — Les Impôts sur le Revenu et les Moyens de Contrôle du Fisc. In-8, 1918. *Sirey.*

Serrès (H.). — Du Droit de Communication accordée à l'Administration de l'Enregistrement en matière de Sociétés. *Thèse Paris*, in-8, 1912.

Sindou (G.). — Le Compte courant et les Impôts sur le Revenu. *Thèse Paris*, in-8, 1926. *Librairie générale de Droit et de Jurisprudence.*

Stourm (R.). — Systèmes généraux d'Impôts. 3e édit., in-8, 1912. *Alcan.*

Vincent (G.). — Traité technique et pratique des Droits d'Enregistrement, de Timbre et d'Hypothèque. 1927. *Rivière.*

Vincent (G.). — Les Impôts cédulaires et l'Impôt général sur le Revenu. In-16, 1925. *Godde.*

Wahl (A.). — Traité du Régime fiscal des Sociétés et des Valeurs mobilières. 2 vol. in-8, 1909. *Rousseau.*

Wahl (A.). — Traité de Droit fiscal. 2 vol. in-8, 1920. *Pichon.*

Revues et Périodiques.

L'Actualité fiduciaire.

Bulletin des Contributions directes et du Cadastre, Imprimerie Paul Dupont.

Gazette du Palais.

Journal de l'Enregisrement et du Domaine.

Journal Officiel : Débats et Documents parlementaires.

Journal des Sociétés.

Répertoire périodique de l'Enregistrement. Garnier.
Recueil général des Lois.
Recueil général des Lois et Arrêts. Sirey.
Recueil des arrêts du Conseil d'État. Macarel et Lebon.
Recueil des questions fiscales, Collection des Jurisclasseurs.
Recueil hebdomadaire de Jurisprudence périodique. Dalloz.
Recueil périodique et critique de Jurisprudence, de Législation et de
    Doctrine. Dalloz.
Revue Banque.
Revue catholique des Institutions et du Droit.
Revue des Contributions.
Revue de l'Enregistrement.
Revue de Science et de Législation financières.
La Semaine Juridique.

Documents officiels de la Direction générale des Contributions directes.

Instruction pour l'établissement des Impôts cédulaires sur les revenus
    et de l'Impôt général sur le revenu. Paris, Imprimerie Nationale,
    30 mars 1918.
Notions élémentaires sur les Impôts directs.
Recueil officiel des Circulaires et Instructions.
Recueil officiel des lois et règlements relatifs aux Contributions
    directes.

TABLE DES MATIÈRES

PREMIÈRE PARTIE

LES POUVOIRS DE CONTROLE DU FISC

CHAPITRE I

CHAPITRE II

Contrôle contradictoire par collaboration avec les contri-
buables. 84

DEUXIÈME PARTIE

LA SANCTION DES POUVOIRS DE CONTROLE

CHAPITRE I

CHAPITRE II

IMPRIMERIE BERGER-LEVRAULT, NANCY-PARIS-STRASBOURG — 1928

9 782329 037158